北大版留学生本科汉语教材·语言技能系列

# 高级汉语听说教程

上册

Advanced Chinese
Listening and Speaking Course Ⅰ

胡晓清 编著

北京大学出版社
PEKING UNIVERSITY PRESS

图书在版编目(CIP)数据

高级汉语听说教程. 上册/胡晓清编著. —北京：北京大学出版社，2006.1
(北大版留学生本科汉语教材·语言技能系列)
ISBN 978-7-301-09743-4

Ⅰ. 高… Ⅱ. 胡… Ⅲ. 汉语－听说教学－对外汉语教学－教材 Ⅳ.195.4

中国版本图书馆CIP数据核字(2005)第111700号

| | |
|---|---|
| 书　　　　名： | 高级汉语听说教程　上册 |
| 著作责任者： | 胡晓清 编著 |
| 责 任 编 辑： | 宋立文 |
| 标 准 书 号： | ISBN 978-7-301-09743-4 |
| 出 版 发 行： | 北京大学出版社 |
| 地　　　　址： | 北京市海淀区成府路205号　100871 |
| 网　　　　址： | http://www.pup.cn |
| 电 子 邮 箱： | zpup@pup.cn |
| 电　　　　话： | 邮购部 010-62752015　发行部 010-62750672　编辑部 010-62752028 |
| 印 　刷　 者： | 北京虎彩文化传播有限公司 |
| 经 　销　 者： | 新华书店 |
| | 787毫米×1092毫米　16开本　12印张　203千字 |
| | 2006年1月第1版　2024年3月第6次印刷 |
| 定　　　　价： | 45.00元 |

未经许可，不得以任何方式复制或抄袭本书之部分或全部内容。
**版权所有，侵权必究**
举报电话：010-62752024　电子邮箱：fd@pup.cn
图书如有印装质量问题，请与出版部联系，电话：010-62756370

# 前　言

本书是为汉语言专业三年级外国留学生编写的高级听说课教材，具有中级以上水平的来华进修生也可使用。

在长期的教学实践过程中，我们发现，将听力与口语分开训练从理论上虽可行，但实际操作却存在着一些问题。一方面，听力课如果只单独进行听力训练的话未免失之于单调，要避免课堂操作中的枯燥，教师往往会增加部分表达内容，这与听力课的培养目标不相干；另一方面，口语课的课文在操作上一般也要先听后说，即实际上听力和口语的训练仍存在并行的现象，只是侧重点有所不同。在这样的前提下，我们编写了本教材，直接将听力课和口语课并轨，这样既有利于教师的操作，也便于学生多种技能的协调发展。

本书分上下两册，各三个单元，上册11课，下册10课，除上册第一课为表达技巧的知识性介绍外，其他每课分三大部分：听力课文、叙述性口语课文和对话性口语课文。课文内容涉及到社会生活的方方面面，力求做到覆盖面广、实用性强、吸引力大。在每个单元后，附加一个"复习与回顾"，力争使学生通过一定量的复习达到巩固所学知识、克服遗忘的目的。每课的具体体例主要由以下部分构成：

上册第一课为表达技巧，体例上与后面的课不同。在这一课中，我们分叙述性表达、议论性表达和介绍性表达三方面介绍了不同的表达技巧。因为在教学中我们发现，高年级的留学生虽然有一定的口语表达能力，但常存在着逻辑思维不够清晰、表达结构不够合理、表达层次不分明、前后无照应等共同表达偏误，因此有必要在进入高级听说训练的起始阶段对学生针对表达技巧进行一番强化式训练，然后配合后面的表达训练进行巩固，最后使表达技巧内化为学生的表达能力。

除上册第一课外，其他课的体例为：

1. 听力课文。每一课的第一部分均为听力课文，材料多选自新闻报道、纪实采访。在课文后有若干听力练习，目的一是训练学生听力技能，二是使学生对本课的内容有一个大致的印象，为下一步训练的展开做一个良好的铺垫。同时，根据外语学习中"输入大于输出"的原则，在接触新的知识点，特别是要自我生成新的表达之前，有必要通过"听"的方式将与本话题有关的一些新信息及相关知识点输入到学生的大脑中，充实学生的大脑信息库，以便在输出时可以有效提取信息库中的新内容，使表达中的信息量更大，更加有的放矢。

2. 叙述性口语课文。每课的第二部分为叙述性口语课文，材料多采用访谈的形式，主要为自编材料。在访谈中，多个受访者围绕同一个话题发表自己的意见，阐述各自的观点。在课文后，有各种口语表达练习，一部分为课文内的表达训练，通过该练习使学生学会新的口语表达方法，将新的知识点内化为自己的口语表达能力；另一部分为扩展式表达训练，通过各种形式的练习培养学生的成段表达能力。

3. 对话性口语课文。每课的第三部分为对话性口语课文，材料大部分为自编的与本话题相关的对话。在课文后增加了"表达拓展"项目，将该课中出现的功能性表达予以进一步补充拓展。练习则配有朗读练习、表达练习及功能性表达练习。通过对话性口语课文的学习及练习，力争使学生学会真实可感、生活气息浓厚的口语，力避为了凸显知识而编造的"伪口语"；同时使学生掌握在各种不同场合下同一种功能的不同表达方式。

之所以将口语课文分解成叙述性口语课文与对话性口语课文是基于以下的考虑：在以往的有些高级口语教材中，大多用对话体来串联整个课文。这样一来，对话就承载了多种功能，既要有各种语气、语调的变化，又要增加各种得体表达的内容，甚至还要负载起成段表达说话者观点的任务。在具体的课堂操作中，因为课文全部是对话，如果以学生分角色朗读的方式来处理未免会显得比较单调。而实际上，在我们日常的口语表达中，很少在对话中大段地表达自己的观点。对话，一般以句式比较短小、灵活，对话双方言语变化比较快，语气比较丰富为特征，因此我们将口语课文切分成两部分：叙述性口语课文主要承担起成段表达的任务，而对话性口语课文则还原生活中对话的本来面目，力避生硬牵强。

  本教材从2000年起开始搜集素材，初编的材料在我们的课堂教学中经过了几年的实践，根据课堂需要进行了大量的增删修改。在本书的编写和试用过程中，鲁东大学国际交流学院的孙雁雁老师、毛嘉宾老师、焉德才老师、苏向丽老师等都给予了大量的帮助，在此一并表示真诚的感谢。感谢本书的编辑，没有他们的辛勤工作，就没有本书的付梓。最后感谢我的先生在炎炎酷暑中为我校稿，使本书得以更快地与大家见面。由于本人学识有限，书中难免有遗漏和不足之处，还望方家指正。

胡晓清

# 目　　录

第一课　口语表达的技巧 ················································· 1
　一、叙事性表达 ······················································· 1
　二、议论性表达 ······················································· 2
　三、介绍性表达 ······················································· 4

第二课　现代人的恋爱观 ················································· 7
　听力课文　事业有成，难道是我的缺点吗？···························· 7
　叙述性口语课文　我心目中理想的恋人 ································ 10
　对话性口语课文　想说爱你不容易 ···································· 16
　（表达拓展　"爱"的表达法）······································· 19

第三课　走进婚姻 ······················································ 23
　听力课文　怎样对待婚姻 ············································ 23
　叙述性口语课文　夫妻间该不该有隐私 ································ 26
　对话性口语课文　两代人眼里的婚姻 ·································· 31
　（表达拓展　"责备"的表达法）····································· 33

第四课　破镜能重圆吗？················································ 37
　听力课文　亚婚姻现象值得关注 ······································ 37
　叙述性口语课文　你会选择离婚吗？·································· 40
　对话性口语课文　朋友密谈 ·········································· 44
　（表达拓展　"痛苦"与"高兴"的表达法）··························· 46

回顾与复习一 ································································· 49

## 第五课　妇女地位和男女平等 ··································· 54
　　听力课文　"半边天"到底有多大？···························· 54
　　叙述性口语课文　对女性"回家"的看法 ···················· 57
　　对话性口语课文　夫妻争吵 ········································· 61
　　（表达拓展　"抱怨""埋怨"的表达法）···················· 63

## 第六课　孩子，明天的太阳 ············································· 66
　　听力课文　望子成龙父母心 ········································· 66
　　叙述性口语课文　孩子犯了错，打与不打学问大 ······· 68
　　对话性口语课文　可怜天下父母心 ····························· 74
　　（表达拓展　"夸奖""称赞"的表达法）···················· 76

## 第七课　老年人的生活和困惑 ········································· 80
　　听力课文　家住老年公寓 ············································· 80
　　叙述性口语课文　老年人的生活 ································· 83
　　对话性口语课文　走进老人的内心 ····························· 87
　　（表达拓展　引入话题和承接话题的表达法）············ 90

## 第八课　休闲：人生多彩之面 ········································· 94
　　听力课文　现代人的休闲 ············································· 94
　　叙述性口语课文　我们的周末生活 ····························· 97
　　对话性口语课文　黄金周的选择 ································· 102
　　（表达拓展　"犹豫"的表达法）································· 105

回顾与复习二 ································································· 108

## 第九课　假冒伪劣——我该拿你怎么办？······················· 113
　　听力课文　老白买东西 ················································· 113
　　叙述性口语课文　打假还需加把火 ····························· 116

对话性口语课文　我该怎么办? ………………………………… 120
　　（表达拓展　"生气"的表达法） ……………………………… 122

**第十课　众说纷纭话名牌** ………………………………………… 126
　　听力课文　人们心中的名牌 ……………………………………… 126
　　叙述性口语课文　名牌，对你的吸引力有多大? ……………… 129
　　对话性口语课文　挡不住的诱惑 ………………………………… 134
　　（表达拓展　"同意、赞成、附和"的表达法） ……………… 136

**第十一课　寅吃卯粮，你愿意吗?** ……………………………… 140
　　听力课文　把"梦想"搬回家 …………………………………… 140
　　叙述性口语课文　贷款买房，你准备好了吗? ………………… 142
　　对话性口语课文　父子对话 ……………………………………… 146
　　（表达拓展　"不在乎"的表达法） …………………………… 148

**回顾与复习三** ……………………………………………………… 151

**听力录音文本** ……………………………………………………… 156

**词汇索引** …………………………………………………………… 174

# 第一课

# 口语表达的技巧

## 一、叙事性表达

当我们要叙述一件事，特别是时间跨度比较大的事情时，应该注意哪些方面呢？怎样才能让我们的表达听起来更合理，更舒服呢？

1. 首先要有主题句，用一两句简单明了的话概括整个事件。可以从时间角度来概括，如："今年我度过了四周的长长的假期"，可以从感受方面来说，如："今年，我度过了一个非常难忘的假期"，还可以从别的方面来说，如："我到过很多地方，但都没什么印象，而这次旅游却不同"（对比式）"时间过得真快，一年的中国留学生活马上就要结束了，这一年里我都做了哪些事呢"（回忆式）等等。不管是什么方式的主题句，只要说得恰当，就可以马上引起听话人的注意，达到很好的表达效果。

2. 如果整个事情的过程分几部分，在主题句后应该有分主题句，如："假期的前两周我去旅游，后两周是和家人、朋友一起过的"等等。

3. 按着对事件的重点加以介绍，不能记流水账。另外，连接词的使用要避免重复，如可以用：先是……然后……接着……后来又……再后来……（时间、事件）以后……最后……来串连事情的全过程，随后再把自己最感兴趣、最难忘的事情详细描述一下。

4. 最后要用总结句来结束该话题，如："就这样，我们顺利结束了这次旅行，回到了家""不管怎么样，这次旅行对我来说都是一次难忘的经历""总的来说，我的假期过得非常愉快"等等。

请看下面的例子：

　　我来给大家说一下前些天去旅游的事。这次旅游一共去了一周，游览了三个地方。我们的第一站是西安。我们坐火车到西安后先去看了最有名的兵马俑,接着参观了华清池,然后又看了大雁塔,最后去了陕西省历史博物馆。我觉得最难忘的还是兵马俑,我很难相信这是秦始皇时期的艺术创造,好像即使现代人也很难创造出这么壮观的东西。结束了西安的行程后我们坐了十四个小时的火车去了成都。早就听说成都的小吃很有名,这次一尝果然名不虚传。什么鸳鸯火锅,赖汤圆,吃得我都不想走了。在成都最开心的事除了吃就是去峨眉山游览。峨眉山山高水清,一边走路一边能听到哗哗的泉水声,真是美极了。我觉得峨眉山是到现在为止我见过的最美丽的山。在成都呆了三天后,我们去了最后一站:上海。上海的自然风景没什么特别的,但它的繁华却给我留下了很深的印象。不管是东方明珠塔还是南京路、外滩,都告诉人们这个城市是中国经济发展最快的城市之一。我觉得上海将来的发展是很难想象的。虽然还没玩够,但一周的时间马上就要结束了,我们只好恋恋不舍地回来了。虽然很累,可我觉得这次旅游让我看到了很多美丽的风景,了解了各地的不同风俗,真的很有意义。以后有时间我还想多出去旅游。

这段话是根据留学生的一次口语作业整理改编的。请大家根据我们讲过的知识分析一下它的思路。

**利用上述知识选择下列话题做口语表达练习:**
1. 介绍一下你的寒假生活或暑假生活。
2. 介绍一次旅游的经历。
3. 介绍一次跟朋友约会的过程。
4. 介绍成功地完成一件事的过程。
5. 介绍做某件事失败的过程。
6. 介绍一次帮助别人的经历。
7. 介绍一次你见过的救人或别人救人的经历。
8. 任选一件事(有一个完整过程的事)加以介绍。

## 二、议论性表达

在我们的生活中,经常会遇到对一件事发表自己看法的情况。怎么才能将自己的观点说清楚，并加以分析呢？

1. 首先用一个主题句或主题段提出自己的看法，如："我觉得独生子女比非独生子女好""虽然很多人觉得相亲这种方式太古老，但我觉得这也不失为一种良好的择偶手段""父母培养孩子时应注意什么，这是一个很复杂的问题，我认为主要需要考虑以下几个方面"。

2. 主题句（段）以后，要从几个角度阐述自己的观点，每个角度还可以用一个小主题句。这时需要一些段落连贯词，如："首先、其次、再次、还有、最后""第一、第二、第三、第四……""一则、二则、三则""一来、二来"等等把各个角度的论述连贯起来。每一个小主题句可以用"从……角度来看""对……来说""从……方面来看"等开始，然后就该小主题进行论述，论述后适当加以归纳总结，回应主题句。

3. 最后用一个总结句（段）结束该话题。这时经常用"总之""总而言之""不管怎么说""一言以蔽之""概括前面的观点"等来引领总结句(段)。

请看下面的例子：

我觉得大家庭制和小家庭制各有利弊。从我个人角度讲，我还是喜欢小家庭制。

大家都知道，大家庭有着人口多、热闹，不会感到寂寞，同时又可以互相照顾等优点，但是我选择小家庭制的理由更充分一些。

首先，现代人生活节奏很快，生活压力很大。家应该是一个可以放松的地方。在大家庭里，作为晚辈，不但要承受工作的压力，回到家还要继续对长辈笑脸相迎。这样时间长了，精神得不到休息，身心都会受到一定程度的影响。

其次，现在的很多年轻人都要继续学习。如果要照顾老人的日常生活，那么就会占用大量的时间，往往会使年轻人的学习计划落空。

再次，家庭成员多了，难免会发生一些矛盾。如果是小家庭，就可以避免因为接触太多而产生的矛盾。比如婆媳之间的矛盾，比如在教育孩子问题上两代人之间的矛盾等。这样反而比大家在一起生活时关系更融洽、和睦。

当然小家庭也有小家庭的缺点，比如孩子不容易学会怎样对待老人，老人得不到更好的照顾等。但是，我觉得只要孝敬父母，即使不住在一起，也会想办法尽孝心，而天天住在一起不一定对父母就会很体贴照顾。

因此，在综合考虑之下，我还是选择小家庭制的生活。

**利用上述知识选择下列话题做口语表达练习：**
1. 谈谈你对早恋的看法。
2. 你觉得是早婚好还是晚婚好？
3. 你觉得学生应该集中精力学习还是应该培养多种兴趣？
4. 你对钱的看法是什么？
5. 你觉得什么是幸福？
6. 如果失恋了怎么才能解除痛苦？
7. 你觉得亲情和爱情哪个更重要？
8. 你觉得怎样才能赢得老板的好感？

## 三、介绍性表达

1. 介绍人物

　　介绍人物的时候一般先介绍这个人的外貌特点（一般按照身高、体型、脸型、发型、五官的顺序介绍，但不必每方面都说到，只说出有特点的方面就可以了，同时也要介绍这个人总体上给人的印象），然后介绍其性格或为人方面的特点，可以通过具体的事例来说明，最后加以总结概括，使整个介绍完整流畅。例如：

　　我给大家介绍一下我的一个朋友。她是一位三个女儿的妈妈，今年大约四十七八岁，中等个儿，身材微微有点胖，但胖得很有福相，给人一种可靠的感觉。她不太讲究穿着打扮，常年都留着齐耳的短发，不太化妆，圆圆的脸上总是带着微笑，显得既朴素又亲切（长相方面的介绍）。她这个人就像她的长相一样，最大的特点就是善良和亲切。（性格方面的介绍）

　　她的家庭并不太富裕，她自己也很少买什么像样的衣服，但看到有的学生因为家庭贫困而吃不饱饭的时候，她一下子就捐给他们五千块钱。在处理家庭关系的时候，她也总是替别人着想，不管别人的要求多么过分，她总是能体谅他们，觉得还是应该尽可能地帮助他们。我常常又佩服又生气

地说:"现在像你这样善良的人地球上可能只有一个了吧。"(性格特点之一:善良)

她对待比自己小的人甚至是孩子都非常亲切。当别人想要倾诉的时候,她总是笑眯眯地听着,然后去安慰劝说别人。连孩子们的朋友来玩,她也好好招待他们,跟他们聊天,帮他们解决一些困难。这些孩子非常羡慕自己的朋友有这么亲切待人的妈妈。(性格特点之二:亲切)

这样的人,谁不想和她做朋友呢?反正,我觉得她是我最好的、最值得信赖的朋友。(总结)

请介绍一个你喜欢的人。

2. 介绍地方

介绍的地方可大可小。如果介绍一个城市、一个旅游景点或者一所学校,甚至一个国家,都可以先介绍其地理位置(如"位于""坐落于"),接着介绍其自然属性(如面积、人口、气候特点、组织结构等),然后介绍其特点(如特产、景色、人情、历史文化、现有状况等),最后加以总结。例如:

我给大家介绍一下我的家乡烟台市。(主题句)烟台是中国山东省的一个中等城市,位于胶东半岛的东端,是一个沿海开放城市。烟台全市面积大约13746平方公里,其中,市区面积大约2644平方公里,市区人口大约174万,下设五个区。烟台是海滨城市,所以冬暖夏凉,气候宜人。(地理位置和自然属性)特别是夏天,前来避暑的各地游客非常多,大小宾馆都住满了人。很多人都喜欢吹着海风吃着海鲜的惬意的感觉。烟台不但有丰富的海产品,而且还被誉为"水果之乡",一年四季基本上都有水果,烟台苹果莱阳梨全国闻名。这些年,烟台的大樱桃也成了特产,不但销往全国而且还出口到国外。(特产)

我的家乡不但风景优美,物产丰富,人情更是温暖。这里人与人的关系非常融洽,很多老百姓都是热心肠。如果你向一位陌生人问路,他准会不厌其烦地告诉你,甚至恨不得把你送去。难怪很多外国朋友时间长了以后都不愿意离开这个充满人情味的城市。(特点)

这几年，这个城市的现代化速度也正在加快。新建的高楼和广场、新修的公路、新铺的草坪等等，都在告诉人们这里每天都在变化。我希望我的家乡一天天变得更加美好。（总结句）

## 练 习

1. 请介绍一下你的家乡。
2. 请介绍一下你的学校。
3. 请介绍一下你游览过的一个城市。
4. 请介绍一下你的家（家的布局和特点，不介绍人）

# 第二课

## 现代人的恋爱观

### 听力课文
◎ 事业有成,难道是我的缺点吗? ◎

## 词语例释

| | |
|---|---|
| **敬而远之** | 表示尊敬,但不愿接近。如:<br>这个老师很严肃,我对她敬而远之。 |
| **清高** | 指人品纯洁高尚,不与坏人坏事发生关系。现在也有因为自己觉得自己比较有学问、有修养而不愿与一般人接触的意思。 |
| **顺眼** | 看着舒服。如:<br>这个姑娘不太漂亮,但看着挺顺眼的。 |
| **无关紧要** | 不太重要,没有关系。如:<br>这些事都是些无关紧要的事,你何必在乎呢? |
| **老天有眼** | 表示自己盼望的事情终于实现了。如:<br>老天有眼,这次我终于找到了我的白马王子。 |
| **高攀** | 指跟社会地位比自己高的人交朋友或结成婚姻关系。也可以说"攀高枝儿"。如:<br>人家地位太高了,咱们高攀不上啊。 |

## 一、听后判断

1. 李惠对自己还是单身急得要命。　　　　　　　　　　（　　）
2. 父母觉得女儿应该处理掉了。　　　　　　　　　　　（　　）
3. 李惠通过婚姻介绍所认识了这个小伙子。　　　　　　（　　）
4. 李惠一直没男朋友是因为她很清高。　　　　　　　　（　　）
5. 李惠每次谈恋爱不成功的原因是对方觉得她是女强人。（　　）
6. 李惠希望小伙子和自己约会。　　　　　　　　　　　（　　）

## 二、听后选择

1. 李惠不是什么样的人？（　　）
   A. 事业有成的人　B. 清高的人　C. 做事踏实的人　D. 女强人

2. 李惠没有男朋友的原因是（　　）
   A. 她很挑剔　　　　　　　　B. 没遇到合适的人
   C. 别人觉得她不顺眼　　　　D. 她不愿高攀

3. 小伙子不是什么样的人？（　　）
   A. 浓眉大眼的人　　　　　　B. 思想开放的人
   C. 懂礼貌的人　　　　　　　D. 保守的人

4. 对李惠，哪句话不是别人对她的看法？（　　）
   A. 她各方面都不错，但可能不太顾家
   B. 她年龄已经大了，干吗还挑三拣四的？
   C. 和她见面的小伙子要么配不上她，要么嫌她地位高
   D. 她太清高了，所以高不成低不就的

5. 关于这篇课文，哪句话是不对的？（　　）
   A. 李惠虽然对单身不在意，但还是希望找到另一半
   B. 李惠由于工作出色影响了找对象
   C. 李惠变得像女强人，所以小伙子对她敬而远之
   D. 李惠不计较小伙子的相貌、地位

## 三、听后回答

1. 李惠的父母现在对女儿是怎么想的？
   提示：处理品　挑　托人……

2. 李惠工作方面怎么样？
   提示：一步一个脚印　业绩　突出

3. 李惠成功后人们对她的看法有什么变化？
   提示：眼光　女强人　母老虎

4. 李惠相亲不成功的原因是什么？
   提示：要么……要么……话不投机　嫌……

5. 李惠现在的择偶要求是什么？
   提示：顺眼　合得来

6. 今天相亲时李惠希望什么？
   提示：老天有眼　月下老人　白马王子

7. 小伙子是什么样子的？
   提示：浓眉大眼　注视

8. 小伙子的信是怎么写的？
   提示：自卑感　高攀

## 四、听后思考

1. 你觉得女高男低的恋爱关系可不可能？为什么？
2. 你怎么看待门当户对的观念？（补充词：门当户对　遭白眼）

3. 老少配的婚姻你怎么看？
4. 如果父母反对你的恋爱你怎么办？
5. 你们国家现在有没有包办婚姻？请介绍一下情况。

### 叙述性口语课文
## ◎ 我心目中理想的恋人 ◎

俗话说："男大当婚，女大当嫁"，而婚姻应该建立在感情的基础之上。每个人都有自己选择恋人的标准，让我们听听他们是怎么说的吧。

**王强，男，24岁，工人**

这几年，不断地有人给我介绍对象，因为我这人没别的好处，就是诚实、能干。要说找对象吧，我的要求不是很高。长相看着顺眼就可以，主要是心眼儿要好，脾气不能太火暴。比较会生活，会持家。当然啦，我妈只有我这一个独生子，我将来的那位要孝顺我父母，不能惹老人生气。可是现在，就我这点条件要找到合适的姑娘也不是太容易吧。

**小丽，女，26岁，售货员**

我现在还没有男朋友。为什么？没看上呗。不是我看不上他，就是他嫌弃我。现在的小伙子，又要姑娘长得漂亮，还希望人家要贤惠，要温柔，最好还有个好职业。我呢，觉得男人就要有个男人样儿，不要女里女气的。长相上要阳刚一些。性格要比较开朗的，我不喜欢整天闷闷不乐的人，和那样的人一起过日子将来可能会得抑郁症。还有，男人就应该负责任。我讨厌没有责任感的男人，遇到什么事先想到的总是自己，这样的人靠不住。我妈说我太理想化，可这种大事我可不想马马虎虎的，要找就找个称心如意的。你说是吧？

**李新，男，22岁，大学生**

我已经有女朋友了。我们是自由恋爱的。在别人眼里，我的女朋友不算美女，可我就是喜欢她。可能是"情人眼里出西施"吧，我觉得她长得很耐看，属于那种第一次看见没什么感觉，但越看越好看的类型。她性格活泼大方，也

第二课　现代人的恋爱观

很善解人意。最重要的是我们在一起非常开心，好像总有说不完的话似的。你要问我理想的恋人是什么样的，就是我女朋友这样的。

**甜甜，女，23岁，大学生**

我是个特喜欢浪漫的人。我理想中的恋人一定要长得高高帅帅的，就像电影中的白马王子一样。而且他一定要很讲情调，比如我生日时会送我99朵玫瑰，我心情不好时会陪我雨中散步，情人节会带我去烛光晚餐，常会送我意想不到的礼物。这样的恋爱才够刺激，才会让我深深地享受到恋爱的甜蜜。

**孙峰毅，男，27岁，研究生**

我对恋人的想法是有个变化过程的。刚上大学时，我觉得相貌出众、身材苗条的姑娘是我的理想。真的和这样的姑娘交往了，很快就腻了。一方面我得像对待公主一样地对待她，稍微不注意她就生气，另一方面，这样的姑娘常常因为注重打扮忽视学习，所以脑子里空空的，说话时让人觉得乏味，所以赶快分手吧。那就找个朴实点的，比较生活化的，将来比较顾家的那种吧。可这样的姑娘又太现实了，经常提醒你要努力，将来找个好工作，多多赚钱，或者男人就得成大气候等等，听着就快累死了。后来我终于明白，我应该找个志同道合的姑娘，事业上互相帮助，生活上互相支持，比较有共同语言，所以现在我的女朋友就是我的师妹。

**李心怡，女，26岁，研究生**

我还没有男朋友。上大学时光顾着念书，没顾上谈恋爱。现在很多我喜欢的小伙子都已经有女朋友了，追我的都是我不喜欢的。我觉得男人应该比较稳重、深沉，比较有大家之气。我讨厌夸夸其谈的男人。另外呢，男人应该体贴照顾自己的女朋友，遇事比较冷静。那种动不动就慌慌张张的人太小家子气。当然，我说的深沉也不等于冷冰冰的，那种硬邦邦的人也不讨人喜欢。我还没谈恋爱，可能我的想法不太符合实际吧。

**张文君，男，28岁，公司职员**

我也差不多算是大龄青年了。工作以后和上学时的想法大不相同。以前觉得和一个靓女走在一起很有面子，现在想通了，漂亮不能当饭吃，再漂亮的人天天看也没什么感觉了。重要的是两个人要比较投机。这话说起来容易，真要

11

找到投机的人还真不是件易事。关键还是看缘分吧。

**秦凤娟，女，35岁，公务员**
我已经结婚10年了，孩子都8岁了。我理想的恋人从来不是我丈夫这种样子的，可是这么多年来，我丈夫一直非常爱我，帮我做家务，帮我带孩子，我心情不好的时候会耐心地安慰我。他对我的家人也特关心，总是把我家的事当成自己的事。所以，我觉得，理想只是个空的东西，女人只有找到一个真正打心眼儿里心疼你的人才是最大的幸福。

## 词语例释

| 持家 | 料理家务。如：<br>因为妻子持家有方，我们家的日子越过越舒服。 |
|---|---|
| 火暴 | 性格暴躁，容易发脾气。如：<br>你这个火暴脾气可能一辈子也改不掉了。 |
| 贤惠 | 指妇女心地善良，体贴家人，态度温和。如：<br>她是我们这里有名的贤惠妻子。 |
| 女里女气 | 形容男子的举止形态像女人一样。如：<br>这个歌星女里女气的，没毛病吧？ |
| 阳刚 | 男子在风度等方面表现出的一种刚强的气质。如：<br>这个小伙子很有阳刚之气。 |
| 闷闷不乐 | 因为有不如意的事情闷在心里所以不开心。如：<br>你究竟为什么闷闷不乐的？ |
| 抑郁 | 心里有不满，不能说出而感到烦闷。如：<br>最近因为职务的问题我觉得很抑郁。 |
| 称心如意 | 符合心意，心满意足。如：<br>要买一件称心如意的衣服不是件容易的事。 |

## 第二课　现代人的恋爱观

| | |
|---|---|
| **情人眼里出西施** | 因为有感情而觉得长相普通的恋人也很漂亮。如：<br>他说自己的女朋友是世界上最漂亮的姑娘，真是情人眼里出西施啊。 |
| **耐看** | 经得起反复的观看、欣赏，不会因看得次数多而觉得无味。如：<br>小鼻子小嘴的人初看不漂亮，但比较耐看。 |
| **善解人意** | 善于理解别人、了解别人的心意。如：<br>她真是个善解人意的好姑娘。 |
| **乏味** | 没有趣味，没有意思。如：<br>这部电影乏味得让人想睡觉。 |
| **顾家** | 照顾家人、照管家务。如：<br>别看我们经理很忙，其实他非常顾家。 |
| **成气候** | 比喻有成就或有大的发展。如：<br>这个人女里女气的，将来肯定成不了什么气候。 |
| **志同道合** | 志向相同，意见相和。如：<br>几个年轻人志同道合，共同创业。 |
| **稳重** | 言语行动等不轻浮，很有分寸。如：<br>你已经是大人了，说话办事应该稳重一点。 |
| **深沉** | 思想感情不外露。如：<br>这个人很深沉，有点男子汉的样子。 |
| **大家之气** | 大家，指有名望的家族。形容那种在有名望有地位的家族里培养出来的气质。一般做事比较大方、得体。如：<br>这个姑娘身上有一种说不出来的大家之气，让人很难忘。 |
| **小家子气** | 形容人的举止、行动不大方。如：<br>这个姑娘漂亮是漂亮，但有点小家子气。 |
| **靓** | 漂亮、好看。多指年轻女子。如：<br>大城市的街上可以看见很多靓女。 |

| 投　　机 | 表示看法、思想一致。如：<br>我们俩一见面就觉得很投机。 |

## 练习

### 一、用课文中的词语表达

1. 有一个人很爱发脾气，脾气很急，你怎么说他？
   提示：火暴

2. 你看见一个男的说话、行动像女的一样，你会怎么评价？
   提示：女里女气

3. 你去住宾馆，条件不好的你不想凑合，一定要住条件好的，你怎么说？
   提示：要A（动词）就A个B（形容词或短语）的。如：要找就找个称心如意的/要挑就挑个漂亮的。

4. 你要说有两个人关系很好，说话很投机，怎么表达？
   提示：好像总有说不完的话似的

5. 你说你很喜欢比较危险的运动，别人问你原因，你怎么说？
   提示：够刺激

6. 你觉得一个人将来肯定有很大的出息，你可以怎么说？
   提示：成气候

7. 你要劝一个朋友找女朋友时还是性格最重要，漂亮不漂亮不那么重要，你怎么说？
   提示：漂亮不能当饭吃

8. 你觉得不好看的姑娘她的男朋友却觉得很漂亮，这时你可以怎么说？
   提示：情人眼里出西施

9. 你的朋友年龄不小了还不想结婚，你想劝他考虑结婚的事，可以怎么说？

   提示：男大当婚，女大当嫁

10. 你觉得一个人的想法总是脱离实际，你可以怎么说？

    提示：理想化

## 二、用课文中的句型表达

1. 要说……吧，我的条件（要求）不高，主要是……，……不能太……

   例句：要说谈恋爱吧，我的要求不高，主要是要找个善良的，脾气不能太急。

   （1）找工作要找适合自己、待遇不太低的。

   （2）买衣服时款式漂亮、价钱不太贵的我比较喜欢。

2. 不是……就是……

   例句：这些姑娘不是文化程度不高，就是长相太差劲儿。

   （1）他觉得别人给自己介绍的姑娘年龄或者性格都不太好。

   （2）一个姑娘觉得他身边的男人或者样子不满意或者能力不够强。

3. 光顾着……，没顾上……

   例句：早上起床我光顾着打扮，没顾上吃早饭。

   （1）一个人上衣穿得很漂亮，裤子却破了一个洞

   （2）他一边走路一边看美女，结果被石头绊倒了。

4. 以前觉得……，现在想通了，……，重要的是……

   例句：以前我觉得每天学习真没意思，现在想通了，不学习没有好的前途，重要的是自己要有生活的目标。

   （1）以前因为观点不同经常和父母吵架，现在觉得经过沟通，父母还是会理解自己的。

(2) 女朋友和我分手的时候我很痛苦,现在觉得两个人能不能在一起要靠缘分。

5. 再……(形容词)的人(/东西)天天看(用、念等动词)也……了
例句:再好听的歌儿天天听也腻了。
(1) 虽然汉语的单词很难学,可你每天坚持学习的话就一定能学好。

(2) 你的家具虽然很时髦,可每天看也没有什么感觉。

### 三、思考与讨论

1. 你理想的恋人是什么样的?
2. 你觉得一见钟情的爱情有没有?你觉得可靠不可靠?(补充词语:闪电式 短命)
3. 你觉得女追男好不好?(女的说一下自己遇到类似情况会怎么处理,男的说一下如果有女的追自己会怎么样)
4. 恋人之间吵架后怎么办?
5. 如果发现两人性格不合,怎么提出分手?请设计一段分手的对话。
6. 如果暗恋对方怎么办?
7. 你会不会勉强接受一段感情?(补充词语:强扭的瓜不甜)

---

**对话性口语课文**

## ◎ 想说爱你不容易 ◎

李莉:娟儿,你听没听说我们班的王利最近结婚了?
孙娟:没有啊。他不是在上海吗?听说成了IT业的大腕儿了。上次同学聚会,他不是说他是独身主义者吗?怎么说结婚就结婚了?
李莉:人家那是想先立业后成家。现在钱也有了,事业也有基础了,差不多也到了黄金王老五的岁数,身边的美女轰都轰不走,不结婚还等什么?

孙娟：他原来上大学时单恋黄飞飞，你知不知道？
李莉：这件事地球人都知道。当时他整天一副神魂颠倒的样子，为爱情弄得要死要活的。毕业时还发誓非黄飞飞不娶。前些年他不结婚我们还以为是"曾经沧海难为水"呢。可现在还是找到了新的美眉，看来他是从那段感情中走出来了。
孙娟：其实黄飞飞挑来挑去的，现在的丈夫还不如王利呢。她也是高不成低不就的，弄得现在叫苦不迭。
李莉：鞋子舒服不舒服只有脚知道。也许人家很幸福也说不定。你看孙丽英，不就是个典型的例子吗？
孙娟：说起孙丽英，我还忘了告诉你，前几天我在商店见到她了，挺着大肚子正买婴儿用品呢。预产期好像是下个月，到时我们别忘了去看看。
李莉：你看，原来她那位谈了那么多年，大家都说是一对金童玉女，可最后还是拜拜了。现在的丈夫又矮又丑，可对孙丽英好得不能再好了。你说哪个对孙丽英更合适？
孙娟：其实长相这东西，时间长了，漂亮的不觉得太漂亮，丑的也看不出来多丑，关键是个脾气秉性，两个人能知冷知热的，比什么都重要。
李莉：我们都是过来人了，才能悟出这个理儿。年轻的时候脑子里多少都有点虚荣的念头，不是看长相就是看地位、钱财，可就是他有大把的钱财不好好跟你过日子你还不是要痛苦一辈子？
孙娟：对呀，你看攀高枝儿的有几个能真正顺心？咱们年级2班的田华，表面上打扮得珠光宝气的，在大家面前笑得很灿烂，其实都是做给别人看的，回到家整天独守空房还得打落了牙齿往肚子里咽，丈夫很少回家，你说和一堆钱过日子有什么意思？
李莉：这月下老人的红线真猜不透是怎么牵的！反正现在我越来越相信姻缘天定了，有时折腾了一圈还是回到原来的那个人身边，你说这不是缘分是什么？
孙娟：唉，是啊，这年头想说爱你真不是件容易事啊。咱们好好珍惜自己的那一半吧。

## 词语例释

|  |  |
|---|---|
| **先立业后成家** | 先立业后成家：先建立自己的事业再考虑结婚的事。如：现在的很多小伙子都想先立业后成家。 |
| **大腕儿** | 多指文艺界有名气、有实力的人。如：这位先生就是相声界的大腕儿。 |
| **黄金王老五** | 戏称单身但是比较有钱、有身份的男人。如：他已经32岁了,但是有房有车,这样的黄金王老五不愁没姑娘喜欢。 |
| **神魂颠倒** | 多指因为爱情,精神已经变得狂热、不正常。如：这次我对她真的动了感情,所以整天为她神魂颠倒的。 |
| **曾经沧海难为水** | 比喻经历丰富,眼界开阔,所以对平常的事物不放在眼里。本课指有过真正的爱情,所以无法接受其他人的感情。如：爱过了,又失去了,可我一直没忘掉他,也无法开始新的恋情,真是曾经沧海难为水啊! |
| **高不成低不就** | 选择工作或选择配偶时条件高的做不了或得不到,条件低的又因为不满意不肯做或不肯要。如：我已经看了20个对象了,总是高不成低不就的,所以到现在也没把自己嫁出去。 |
| **叫苦不迭** | 不停地叫苦。如：让你做这么点事你就叫苦不迭,以后工作了怎么办呢? |
| **金童玉女** | 比喻长相漂亮英俊、般配的一对男女。如：他们俩谈恋爱时那可真是一对金童玉女,谁看了都说般配。 |
| **知冷知热** | 表示体贴、关心。如：他对妻子知冷知热的,妻子觉得很幸福。 |
| **虚荣** | 表面的光彩,也指喜欢表面的浮华的东西。如：你这个人虚荣心怎么这么强呢?家庭条件还能撒谎吗?以后人家总会知道的。 |

| 珠光宝气 | 形容服装、打扮等非常华丽。如：<br>这个女人自从嫁了个大款后，整天打扮得珠光宝气的。 |

| 折　　腾 | 不停地做某事或翻过来倒过去。如：<br>你可真能折腾，一会儿办学校，一会儿又开公司的。 |

### 表达拓展　　"爱"的表达法

这篇课文中有两个关于"爱"的表达方法：

**1. 爱得神魂颠倒的**

爱到自己的精神完全被对方的一举一动所控制。如：他从见到那个姑娘开始就爱得神魂颠倒的。

**2. 为爱情弄得要死要活的**

失去对方或对方对自己不热情就活不下去的一种狂热的爱的程度。如：你别整天为了爱情要死要活的，男子汉大丈夫，先要做好自己的工作。

除此之外，汉语中还有很多关于"爱"的表达方式。如：

**1. 一日不见，如隔三秋**

两人正在热恋，一分钟也不想分开。如：他们俩现在到了一日不见，如隔三秋的程度。

**2. 有一种触电的感觉**

两人第一次对视或握手就有产生了爱情的感觉。如：我抬头一看到他的眼睛，突然有一种触电般的感觉。

**3. 我一见她心就怦怦地跳　(/眼就直了/嘴就不会说话了/腿就挪不动了)**

爱上对方的身体反应。如：我一直喜欢我的同班同学李娜，每次一见她我的心就怦怦地跳，连话也不会说了。

**4. 他们两个人都快被爱融化了**

两个人正在热恋，甜蜜得不得了。如：他们俩现在只要在一起，不是互相凝视着就是拥抱着，好像快要被爱融化了似的。

## 一、用正确的语气语调朗读下列句子

1. 上次同学聚会，他不是说他是独身主义者吗？怎么说结婚就结婚了？
2. 身边的美女轰都轰不走，不结婚还等什么？
3. 这件事地球人都知道。
4. 其实黄飞飞挑来挑去的，现在的丈夫还不如王利呢。
5. 你看孙丽英，不就是个典型的例子吗？
6. 可就是他有大把的钱财不好好跟你过日子你还不是要痛苦一辈子？
7. 这月下老人的红线真猜不透是怎么牵的！
8. 唉，是啊，这年头想说爱你真不是件容易事啊。

## 二、用课文中的词语或句型表达

1. 天气变化很快，刚才还好好的，现在就变天了。
   提示：说 V 就 V

2. 现在你的条件够开公司的了，不要再等了。
   提示：不……还等什么？

3. 婚姻好不好只有当事人自己知道。
   提示：鞋子合不合适只有脚知道

4. 因为我们都经历过这样的事，所以才懂得了其中的道理。
   提示：过来人

5. 谈恋爱的人互相关心体贴最重要。
   提示：知冷知热  比……都重要

6. 这个人不是真的很幸福，只是在外面装出很幸福的样子。
   提示：做给别人看

7. 我的朋友不听父母劝告和一个人结婚了,可现在很后悔又不能告诉别人。
   提示:打落了牙齿往肚子里咽

8. 真弄不明白婚姻是怎么回事,为什么相爱的人最后不能在一起而看着不般配的却结婚了?
   提示:猜不透……是怎么牵的

9. 我觉得发生这么巧合的事说明两人肯定有缘分
   提示:你说这不是……是什么?

10. 有的人总是想改变,做了很多努力,可最后还是做和以前一样的工作。
    提示:折腾了一圈还是……

## 三、用"爱"的表达法说说下列情景

1. 最近我爱上了一个姑娘,每次看见她我都会心跳、说不出话。

2. 他最近和女朋友闹别扭,女朋友说要离开他,他马上觉得活不下去了。别人怎么说他?

3. 小王和他的女朋友小李天天在餐厅里你喂我一口饭,我喂你一口饭,别人怎么和他们开玩笑?

4. 我现在一会儿看不见女朋友就觉得很想她。

5. 你的同学爱得已经完全失去自己了,看到心爱的人高兴他就高兴,看见她痛苦他也会痛不欲生,别人会怎么议论他这种爱情状态?

6. 我第一次看见她就觉得她是我找了很久的人,她也有同样的感觉。

## 四、思考与采访

1. 请介绍一下你们国家举行婚礼的过程。
2. 请介绍一下你们国家和婚礼有关的风俗。
3. 如果将来你要结婚你会选择什么样的结婚方式？为什么？
4. 你会不会选择独身，为什么？
5. 你觉得选择独身的原因都有哪些？
6. 请你找一则征婚启事，分析一下征婚人对另一半的要求。
7. 请你采访一个人，听他谈一下单身的好处和坏处。

# 第三课

# 走进婚姻

## 听力课文
### ◎ 怎样对待婚姻 ◎

## 词语例释

| 冷却 | 物体的温度降低。比喻指感情不再热烈。如：<br>现在他们的感情已经冷却下来了。 |

| 琐事 | 细小麻烦的事。如：<br>自从当了家庭主妇，我整天和琐事打交道，快烦死了。 |

| 柴米油盐酱醋茶 | 指人们日常生活的必需品。如：<br>过日子就得考虑柴米油盐酱醋茶这类的事。 |

| 花前月下 | 经常在有月光的晚上一起看月赏花，形容很浪漫。如：<br>我们俩从谈恋爱到现在从没有花前月下的感觉，可我们也都觉得很幸福。 |

| 大手大脚 | 花钱随便、不加控制。如：<br>你已经结婚了，不能像原来一样大手大脚的了。 |

| 精打细算 | 仔细地考虑和打算，主要指花钱方面。如：<br>因为妈妈精打细算地过日子，所以虽然我们家收入不高，但日子过得还不错。 |

| 妥　协 | 用让步的方法避免矛盾。如：<br>好了，好了，这次我妥协，我们别再冷战了，好吧？ |
|---|---|
| 温　情 | 温柔的感情，温和的态度。如：<br>他的话充满了对妻子和女儿的温情。 |
| 磨　合 | 原指新机器刚开始使用时要通过一定阶段把零件表面加工的痕迹磨光，以使零件间变得更加密合。这里比喻夫妻刚结婚后要经过一段时期的互相适应。如：<br>夫妻结婚后经过磨合，才能了解对方，进入真正的家庭生活。 |
| 判若两人 | 一个人前后变化有明显的不同，好像两个人一样。如：<br>他婚前婚后判若两人，让他的妻子非常不适应。 |
| 导火索 | 比喻引起比较大的事故或变化的事件。如：<br>教育孩子常常成为他们吵架的导火索。 |
| 一视同仁 | 不分身份高低、关系远近同样看待或对待。如：<br>他对所有的职员一视同仁。 |
| 一碗水端平 | 很公平地对待双方或处理纠纷时很公正。如：<br>他们俩打架的事你要调查一下再处理，一定要一碗水端平，否则他们会不服气的。 |
| 格格不入 | 常指思想上分歧很大，完全不相合。如：<br>他和周围的人简直是格格不入，所以常常独来独往的。 |

一、听后判断

1. 婚后的年轻人常常因为收入少而吵架。　　　　　　　　　　　（　　）
2. 说话人觉得夫妻两个人都应该追求事业成功。　　　　　　　　（　　）
3. 孩子出生后，夫妻经常互相埋怨对方做的家务少。　　　　　　（　　）
4. 婚姻磨合期危险就危险在双方都发现了对方的缺点。　　　　　（　　）
5. 如果家庭问题处理不公的话会引起夫妻的矛盾。　　　　　　　（　　）

6. 夫妻结婚多年有时却发现彼此无法沟通。　　　　　　（　　）

7. 婚姻进入冷漠期的原因是夫妻间已经失去了激情。　　（　　）

8. 如果善待婚姻就可以使婚姻幸福。　　　　　　　　　（　　）

## 二、听后选择

1. 婚后初期夫妻间发生矛盾的原因有几个方面？（　　）
   A. 两个　　　　B. 三个　　　　C. 三个　　　　D. 四个

2. 婚姻磨合期最危险的原因是什么？（　　）
   A. 双方都发现了对方的缺点　　B. 双方的工作都很忙
   C. 没有真正地关心对方　　　　D. 不像以前那么温柔体贴

3. 哪个是婚姻稳定期家庭矛盾的根源？（　　）
   A. 经济问题　　　　　　　　　B. 对双方家庭没有很公平
   C. 看不起对方家人　　　　　　D. 性格问题

4. 婚姻进入冷漠期的原因有几个？（　　）
   A. 两个　　　　B. 三个　　　　C. 三个　　　　D. 四个

5. 根据课文，婚姻最少要经历几个时期？（　　）
   A. 三个　　　　B. 四个　　　　C. 五个　　　　D. 六个

## 三、听后回答

1. 蜜月期以后夫妻感情冷却的原因是什么？
   提示：琐事　柴米油盐酱醋茶　操心

2. 结婚后什么取代了浪漫？
   提示：花前月下　烦心

3. 结婚前后经济方面的转变是什么？
   提示：大手大脚　精打细算

4. 磨合期为什么很危险？
   提示：暴露　判若两人

5. 处理家庭问题时什么最重要？
   提示：一视同仁　一碗水端平

6. 为什么夫妻有话宁愿对朋友说也不愿对另一半说？
   提示：不协调　格格不入

## 四、听后思考

1. 你觉得夫妻间需不需要甜言蜜语？
2. 有人说"婚姻是爱情的坟墓"，你怎么看？
3. 你觉得夫妻吵架的原因都有哪些？
4. 你觉得夫妻吵架后应怎么办？
5. 结婚后怎样处理家庭关系？
6. 很多人都说婆媳关系很难处理，你怎么看？

---

**叙述性口语课文**

## ◎ 夫妻间该不该有隐私 ◎

　　结婚，意味着两个人要合成一家一起过日子，那么进入婚姻状态后夫妻俩还应不应该保留自己的隐私？人们对隐私具体是怎么看的呢？我们来听几段采访内容。

　　**刘大爷**：我今年80岁了。1945年当兵，1955年转业，后来换了很多次工作，去过很多地方。你问我和老伴儿有没有隐私啊，没有！我们今年都过了金婚纪念日了，一辈子都是开诚布公，有什么说什么，从没什么藏着掖着的事儿。我们那时候的人都单纯，你说这夫妻不是更得互相信任吗？要是好多事儿都自己憋在心里，那还叫什么两口子？

　　**许先生**：我今年40多岁，是生在新中国，长在红旗下的最普通的一个。我们年轻的时候，整个社会都是透明的，谁收入多少，家庭怎样甚至生活规律别人都清清楚楚，那时保留隐私简直是不可能的事情。到了80年代以后，人们的生活丰富起来了，隐私才逐渐多了起来。我觉得隐私主要有两个方面，金钱和感情，也就是有没有私房钱和情人什么的。感情方面该不该有隐私这个很难说，因为情况各不相同，而在金钱方面我是赞成男人设个小金库的。比如我吧，我是家中的长子，帮弟妹上学、找工作、结婚，这都是理所当然的。可如果我每次都伸手向妻子要钱，妻子的脸可能经常会阴天，而我用自己的私房钱解决了这些事情后，我们家就太平多了。其实这男人也挺累的，又得养老，又得养家，还得供孩子上学，要是妻子都通情达理，不给脸子看，谁还费这心思？所以这男人设小金库，除了少数有花花肠子以外，大多数都是妻子给逼出来的。

小丽：我马上就要做新娘了。未婚夫是个计算机硕士，我很满意。我觉得夫妻间有时有点儿隐私也无妨。比如我以前谈过恋爱，特别是最后一个男朋友我现在还是一想起来心就会疼。可是当我的未婚夫问起我的过去时，我总是说和男孩子有过来往，但交往都不深。我觉得如果我坦白了我的情史，只会让我的未婚夫心里不舒服，最后可能会使我们的关系受到影响。过去的永远过去了，何必让它来伤害今天的生活呢？家庭中这种善意的隐瞒会使夫妻感情更和谐。所以我赞成适当地保留自己的隐私。

孙鹏：我今年刚结婚。我也觉得该有点自己的钱。我倒不是说和妻子两个心眼儿，而是自己手里有点钱可以偷偷制造点浪漫。比如妻子过生日、结婚纪念日什么的，这时如果对妻子说："亲爱的，给我点钱，我要给你买个礼物"，你想那该多乏味，而自己用小金库的钱给妻子一个意外的惊喜，她一定会对你心存感激的。人们不是常常说婚后也要培养感情吗？我觉得这样的方法真的可以增进夫妻感情，不信你们也试试！

听了以上几位的想法，你有什么感想呢？

（据刘淑燕《夫妻间该不该有隐私》改写，《齐鲁晚报》1999年2月28日）

## 词语例释

| 隐私 | 不愿意告诉别人的个人的事。如：<br>法律保护人们的隐私权。 |

| 开诚布公 | 非常诚实坦白，没有私心。如：<br>这件事我们都是为了单位的发展，所以应该开诚布公地谈一谈。 |
| --- | --- |
| 藏着掖着 | 怕人知道或看见所以故意拼命地隐藏。如：<br>这是件光明正大的事，不需要藏着掖着。 |
| 私房钱 | 家庭成员个人攒的不让别人知道的钱。如：<br>我觉得适当地攒点私房钱也是可以理解的。 |
| 小金库 | 原指单位在财务之外偷偷设立的账。现在也指男人的私房钱。如：<br>单位的小金库被发现了，领导受到了处分。 |
| 理所当然 | 从道理上讲应当这样。如：<br>我们是朋友，你遇到麻烦我帮你还不是理所当然的吗？ |
| 花花肠子 | 比喻狡猾的心眼，多指男女关系方面或金钱方面。如：<br>这小子净花花肠子，你别相信他。 |
| 有利有弊 | 有好处有坏处。如：<br>很多事都是有利有弊的，你不能只考虑一方面。 |

## 一、用课文中的词语表达

1. 我和我的同事们之间有什么说什么。

   提示：开诚布公　藏着掖着

2. 两口子应该彼此倾诉，否则就不算两口子。

   提示：憋在心里

3. 我是20世纪50年代初出生的人。

   提示：新社会　红旗

4. 我觉得帮助家人是自然的事情。
   提示:理所当然

5. 最近我们领导总是不高兴。
   提示:阴天

6. 他这个人你不要太相信,我觉得他想得很多,常打自己的算盘。
   提示:花花肠子

7. 我觉得让男朋友喝喝酒、抽抽烟也没什么关系。
   提示:无妨

8. 有时候出于好意撒谎可以让对方舒服些。
   提示:善意的谎言

9. 他和你不是一条心,你得小心点。
   提示:两个心眼儿

## 二、用课文中的句型表达

1. 要是……那还叫什么……?
   例句:要是连这点小事都处理不了,那还叫什么能人?
   (1) 我如果管不了这几个调皮的学生就不算是特级教师。

   (2) 你们如果每天都呆在家里,那怎么能说单独过日子呢?

2. 其实这……(人物名词)也挺累(不容易)的,又得……,又得……还得……
   例句:其实这老师也挺不容易的,又得教学,又得做研究,还得负责学生管理。

(1) 学生每天上课、做作业、学习特长挺累的。

(2) 作一个女人挺难的，要工作，要做家务，还要管好孩子。

3. 要是……都……，谁还费这心思？
　　例句：你以为我喜欢作弊啊？要是考试都像美国似的那么容易，谁还费这心思？
　　(1) 要是丈夫不会嫌我相貌不好，我才不整容呢。

　　(2) 如果房子装修好了我才不愿意自己重新设计装修呢。

4. 都是……给逼出来的
　　例句：这孩子撒谎都是父母逼出来的，如果他做了错事不那么害怕挨打，他就不会撒谎了。
　　(1) 我现在可以连续40多个小时不睡觉都是因为以前打工时熬夜养成的习惯。

　　(2) 老百姓有问题不敢反映，非得写匿名信，都是因为政府不管他们的事。

5. 过去的永远过去了，何必……呢？
　　例句：过去的永远过去了，何必每天在回忆中过日子呢？
　　(1) 虽然你失恋了，但是不必天天痛苦，应该想点快乐的事。

　　(2) 虽然我过去取得了很大成绩，但现在不必再提了。

6. 我觉得……，我倒不是说……，而是……
　　例句：我觉得上课累了可以睡觉，我倒不是说睡觉好，而是很累的时候听课也听不进去。
　　(1) 虽然跳槽不受欢迎，但是如果原来的工作真的不适合你的话可以跳槽。

(2) 有人觉得上课不用举手就发言不好,可我觉得可以活跃课堂的气氛。

## 三、思考与采访

1. 你觉得隐私都包括什么方面?
2. 如果你的丈夫(或妻子)向你坦白了过去的情史,你会怎么样?
3. 你觉得自己有私房钱或小金库对不对?为什么?
4. 你觉得人们存私房钱或留小金库的原因是什么?
5. 请你去采访一个人,问一下他觉得夫妻间该不该有隐私,为什么。

---

**对话性口语课文**

## ◎ 两代人眼里的婚姻 ◎

女儿:妈,气死我了,我再也不回那个家了,我要搬回来跟你们住!

妈妈:你这孩子,这是说的什么胡话?又和晓刚吵架了吧?

女儿:我回家又是做饭又是打扫房间,可他倒好,跷着二郎腿在沙发上看报纸。我也累了一天,干吗要我伺候他?我说说他,他还不耐烦,这样的日子我过不下去了!

妈妈:你爸我不是也伺候了一辈子吗?男的有几个爱做家务的?大多数人家的日子还不是这样过的?你这孩子,都结婚了,还这么任性,说回娘家就回娘家。小两口动不动就怄气、冷战可不好。一会儿,我给晓刚打个电话,让他过来吃晚饭,吃完饭你们就一起回家。

女儿:妈,你怎么胳膊肘往外拐,一点也不向着我!我还指望你帮我批评他呢!

妈妈:你这个傻孩子,丈母娘要是掺和到你们小两口的矛盾里面,女婿还能不反感?那你们只能越吵越厉害,最后吃亏的还不是你?你都这么大了,怎么还听不出好赖话呢?你这么任性可不行,将来会吃苦头的。

女儿:可是结婚是两个人的事,凭什么要我一个人忍让?那还不如不结婚呢!

妈妈:你以为你现在还是我们家的公主啊,大家都得哄着你?都是我们给惯的。晓刚也不是不做家务,你不爱洗衣服、洗碗,那还不都是人家在干?你还要求什么?丈夫又不是专门给你干活的机器,你总得让他歇歇吧?

你要是在过去当媳妇,早被公公婆婆赶回来了!你怎么这么不懂事呢?

女 儿:可是结婚前他说结婚后什么家务也不让我做,每天照顾我。现在怎么都变了?

妈 妈:谈恋爱时说的话怎么能当真呢?过日子就是过日子,和谈情说爱是两回事。你这么大的人了连这个也分不清吗?白念了那么多年书了。

女 儿:可我还是觉得委屈!他怎么能冲我发脾气呢?

妈 妈:孩子,家不是讲理的地方,是两个人互相理解的地方。有什么事多从对方的角度想一想,互相迁就一下就过去了。要是总是吵架,家怎么会是你的避风港呢?那样,你的婚姻很快就会亮起红灯的。妈不能跟你一辈子,你别老像个孩子似的,这样将来妈怎么能放心呢?

女 儿:好了,你别那么担心了,我只是回来冲你撒撒娇。我晾他一会儿,让他反思反思,他也会对我更好的。不信你等着瞧,过一会儿他会打电话的。

妈 妈:(自言自语)现在这孩子,什么怪念头都有,真是搞不懂!唉,老喽!老喽!

## 词语例释

| 跷 (qiāo) 着二郎腿 | 坐着时把一条腿放在另一条腿上。如:<br>你去面试时千万别跷着二郎腿,这样给主考官的印象不太好。 |
|---|---|
| 任 性 | 放任自己的性子,不加控制、约束。如:<br>你别的方面都挺好的,就是有点任性。以后要学会听从别人的劝告。 |
| 怄 (òu) 气 | 闹别扭以后生闷气,不理对方。如:<br>别总是怄气,有什么话说出来。 |
| 冷 战 | 比喻夫妻或恋人间有意见但不吵架,长时间的互不理睬。如:<br>你们怎么又开始冷战了?快点和好吧。 |
| 胳膊肘 (zhǒu) 往外拐 | 表示不向着自己人而向着外人。如:<br>你是不是我们公司的律师?怎么在这个案子上你总是胳膊肘往外拐呢? |

| 掺和 (chān huo) | 指不应该参加的非要参加进去，让人觉得麻烦或者搅乱别人的事。如：①大人的事孩子别瞎掺和。②这件事让你一掺和更麻烦了。 |
| 避风港 | 原指船躲避风浪的港口，比喻躲开激烈的矛盾冲突的地方。如：家是一个人最大的避风港。 |
| 亮起了红灯 | 表示不允许通过或比喻有危险，应该小心注意。如：他们公司的安全方面今年亮起了红灯。 |
| 晾 (liàng) | 比喻把人撇在一边不理，故意冷落。如：他们有说有笑的，但没人跟我说话，把我一个人晾起来了。 |

## 表达拓展　"责备"的表达法

在本课中，我们接触到一些表示责备的方法。如：

1. 你这是说的什么胡话？

责备和自己关系很亲近的人说的话不该说。如：什么病啊死的，你这是说的什么胡话，以后不许这么说了。

2. 你都这么大了，怎么还……

责备对方年龄不小了可还做和年龄不相符的事情。如：

(1) 都这么大了，还这么任性！

(2) 都这么大了，还这么胡闹！

(3) 都这么大了，还这么让人操心。

3. 你怎么这么不……呢？

责备批评对方的行为或者性格。如：

(1) 你怎么这么不懂事呢？

(2) 你怎么这么不听话呢？

(3) 你怎么这么不让人省心呢？

4. 白念了那么多年书了

责备对方念书也没明白该明白的道理。如：你怎么不知道应该孝敬老人呢？真是白念了那么多年书了。

除此之外，汉语中表示责备的表达法还有：

5. 就你会出馊（sōu）主意！

责备对方总是出不好的主意导致事情的结果不好。如：就你会出馊主意！这样不但骗不过老师，还得挨一顿训！

6. 放着好好的……不做，非去干那些……

责备对方非要做一些不该做的事。如：放着好好的学不上，非去做什么生意，你到底怎么想的？

7. 就你事儿多！/就你毛病多！（你哪来那么多毛病？/你哪来那么多事儿？）

责备对方总爱挑毛病。如：人家一个班的学生都没意见，就你事儿多，非得给人家挑点毛病出来！

8. 你总是放马后炮！

责备对方事前不说，事后才说。如：你总是放马后炮，现在说有什么用呢？

## 练习

### 一、用正确的语气语调朗读句子

1. 妈，气死我了，我再也不回那个家了！
2. 你这孩子，这是说的什么胡话？
3. 我也累了一天，干吗要我伺候他？
4. 你爸我不是也伺候了一辈子吗？男的有几个爱做家务的？大多数人家的日子还不是这样过的？
5. 你这个傻孩子，丈母娘要是掺和到你们小两口的矛盾里面，女婿还能不反感？
6. 可是结婚是两个人的事，凭什么要我一个人忍让？那还不如不结婚呢！
7. 你还要求什么？丈夫又不是专门给你干活的机器，你总得让他歇歇吧？
8. 你这么大的人了连这个也分不清吗？白念了那么多年书了。
9. 不信你等着瞧，过一会儿他会打电话的。
10. 现在这孩子，什么怪念头都有，真是搞不懂！唉，老喽！老喽！

### 二、用课文中的词语或句型表达

1. 我快忙死了，可他不但不帮我的忙，反而坐在沙发上舒服地看电视。

提示：我……，可他倒好，跷着二郎腿……

2. 你是我的妹妹，为什么我和别人吵架时你不向着我呢？
   提示：胳膊肘往外拐

3. 你这么不听话肯定是父母太宠爱你。
   提示：都是……给惯的

4. 我也是人，也有累的时候，我不可能一直学习。
   提示：不是……的机器

5. 生活是实实在在的，和理想不一样。
   提示：A 就是 A，和……是两回事

6. 由于管理不好，他的公司现在已经很危险了。
   提示：亮红灯

## 三、用"责备"的表达法说说下列情景

1. 你知道这么做不好刚才为什么不说？现在说有什么用？

2. 你好好吃饭吧，人家都没说不好吃，怎么就你一个人非说不好吃？

3. 小孩子不要乱说话，你怎么知道人家在谈恋爱，可能只是一起吃顿饭而已。

4. 你看你，出国有什么好处？原来的工作多好啊！

5. 你已经是大人了，怎么能像原来一样想干什么就干什么呢？

6. 你呀，好事不干，净出些没用的专门坏事的主意。

7. 你连这点道理都不懂，好像没上过学一样。

8. 她说的有道理，都是为你考虑的，你不应该不理解她的心。

### 四、思考与调查

1. 你理想中的婚姻是什么样的？
2. 夫妻吵架以后应该怎么办？
3. 你觉得结婚后夫妻发生矛盾的原因都有哪些？
4. 调查一个已经结婚的人，请他（她）谈一谈婚姻中什么比较重要。

# 第四课

## 破镜能重圆吗?

### 听力课文
◎ 亚婚姻现象值得关注 ◎

### 词语例释

| | |
|---|---|
| 亚婚姻 | 指的是比正常婚姻状态差的一种婚姻(常指已经没什么感情但是没有离婚)。如:<br>如果你们各过各的,彼此不关心,那么就进入了一种亚婚姻状态。 |
| 碍于面子 | 怕伤了面子(常表示原因)。如:<br>她是我爸爸的朋友,现在是我的上司。因为碍于面子,我无法给她提意见。 |
| 指指点点 | 在背后说人的不是。如:<br>这几天很多人都对小王指指点点的,好像他做了什么见不得人的事似的。 |
| 退 缩 | 因为担心害怕而不敢大胆去做。如:<br>遇到一点困难怎么能退缩呢?你还是不是男子汉? |
| 苦 涩 | 原指又苦又涩的味道,也用来形容内心痛苦无奈。如:<br>自己不珍惜婚姻,等到失去了才感到一种苦涩的滋味。 |
| 委曲求全 | 为了保全而勉强迁就、忍让。如:<br>她结婚后在家里总是委曲求全。 |

| 麻 木 | 原指身体某部分的感觉完全丧失，比喻没有敏锐的思想、感情，变得比较迟钝。如：<br>原来还为我们的感情而痛苦，现在已经麻木了，随它去吧！ |
|---|---|
| 繁 琐 | 事情不大，但是多而杂，不易办理；手续等多而杂乱。如：<br>我的工作是会计，整天和钱、单据打交道，工作非常繁琐。 |
| 牵 扯 | 某个人或某件事产生的影响使别的人或事不利。如：<br>这件事牵扯了我太多的精力。 |
| 空 壳 | 只有外皮，没有内容。如：<br>①西瓜吃完了，只剩下一个空壳。②我们的婚姻只剩下一个空壳。 |

## 练习

### 一、听后判断

1. 很多社会学者关注离婚现象。　　　　　　　　　　　　（　　）
2. 亚婚姻状态占所有婚姻状态的22%。　　　　　　　　　（　　）
3. 事业有成的女性常因为顾忌面子不离婚。　　　　　　　（　　）
4. 亚婚姻状态对孩子的伤害不比离婚小。　　　　　　　　（　　）
5. 有些人觉得有家对事业更有利。　　　　　　　　　　　（　　）
6. 说话人不赞成离婚，觉得亚婚姻状态毕竟还有些希望。　（　　）

### 二、听后选择

1. 李女士不离婚的原因是（　　）
   A. 对丈夫还有感情　　　　　　B. 对6岁的女儿考虑较多
   C. 害怕别人的议论　　　　　　D. 害怕影响事业

2. 关于为了孩子不离婚的家庭，下面哪个说法是正确的？（　　）
   A. 他们害怕别人指指点点　　　B. 他们给了孩子稳定的家
   C. 孩子的心灵因此受到伤害　　D. 与其这样不如离婚

3. 很多人选择亚婚姻状态的原因最少有几个？（　　）
   A. 两个　　　　B. 三个　　　　C. 四个　　　　D. 五个

4. 关于不离婚的理由，下面哪个说法是不正确的？（    ）
   A. 很多人觉得离婚太麻烦
   B. 有些人觉得离婚影响自己的声誉
   C. 有些人暂时没有更合适的对象因而不急于离婚
   D. 有些人等待合适的分手机会

5. 说话人对亚婚姻状态是怎么看的？（    ）
   A. 亚婚姻状态值得同情　　　　B. 亚婚姻状态违反了人性
   C. 亚婚姻状态有利于降低离婚率　D. 亚婚姻状态很悲壮

## 三、听后回答

1. 什么是亚婚姻？
   提示：破裂　维持

2. 亚婚姻的状况如何？
   提示：有……趋势　日益

3. 李女士有什么苦衷？
   提示：表面上……，其实……　退缩

4. 事业有成的女性为什么不愿离婚？
   提示：小看　好面子　苦涩

5. 为孩子不离婚的夫妇是怎么想的？
   提示：失去父爱（母爱）　缺憾　麻木

6. 很多女性对待亚婚姻是怎么做的？
   提示：撑　悲壮

## 四、听后思考

1. 请谈一下你们国家离婚现象现在和以前有什么变化。
2. 你觉得人们离婚的原因有哪些？
3. 你觉得离婚会对人造成什么影响？
4. 你赞成不赞成为了孩子不离婚？为什么？

---

**叙述性口语课文**

## ◎ 你会选择离婚吗？ ◎

这是一个有点忌讳的话题。没事谁愿意提"离婚"两个字呢？而现实中，离婚率的确在升高。带着不情愿的心理，我们采访了几位市民。

### 男，60多岁，退休工人

我们那时候结婚就是准备过一辈子的。谁想离婚别人都会笑话他，要是离婚了，自己就觉得在别人面前抬不起头。这人要脸，树要皮，我可不想让人家指指点点的。就是两口子有点不和气忍一忍也就过去了，离婚可不行，丢不起那个人。

### 女，45岁，全职太太

我家庭条件挺好，即使有问题我也不想离婚。我辛辛苦苦打下来的江山不能那么容易就给了别人。你说没感情了怎么办？没办法，他过他的，我过我的，反正我不离婚。凭什么？我年轻漂亮时和我结婚，现在年龄大了就一脚把我蹬开，没门儿！我拖也要拖死他，不能便宜了那些小狐狸精。

### 男，36岁，公司副经理

虽然现在我身边的朋友有不少离婚的，可我不觉得离婚是个好办法。你想，没有孩子还好，一旦有了孩子，你离了婚找个妻子容易，可给孩子找个妈就难了。这后妈和孩子的关系怎么着也别扭。更别说再找的差不多都是比自己年龄小的，开始觉得有新鲜感，可每天得像孩子似的哄着，稍一不顺心就耍小脾气，这谁时间长了也会觉得累。再说了，你敢保证再找的就是和你最投机的？还是现实点，夫妻有矛盾多迁就着点，别闹得最后非离婚不可。

**女，24岁，公司职员**

我还没结婚，当然结了婚也不希望离婚。谁不愿意两个人白头到老呢？可是，谁也不敢保证自己的婚姻就是圆满的。我觉得离婚也不是什么丢人的事。要是实在过不到一起去大家就好离好散嘛。现在不是有首歌里说："放爱一条生路"吗？我觉得这话说得很有道理。人生这么短，干吗非得痛苦着过一辈子，最重要的是活得开心。一段婚姻结束了，也可能是一段新的感情的开始。千万别想不开，非得在一棵树上吊死不可。

## 词语例释

|  |  |
|---|---|
| 人要脸，树要皮 | 人需要面子就像树需要皮一样，强调做事时顾虑面子，不愿被别人议论。如：<br>俗话说："人要脸，树要皮"，你可不能做这种让人在背后指指点点的事。 |
| 耍小脾气 | 当不满意时马上发脾气，表现出来。如：<br>你别的方面都不错，就是有时像孩子似的爱耍小脾气。 |
| 迁　　就 | 当两人有矛盾或有不同意见时为了不让对方生气而不坚持自己的意见。如：<br>我比她大，所以有矛盾时我总是迁就她。 |
| 好离好散 | 友好地分手，断绝关系，多指离婚。如：<br>既然已经没有感情了，那么我们就好离好散吧。 |

## 练习

### 一、用课文中的词语表达

1. 我绝对不能做这么丢脸的事，这样别人会看不起我。
   提示：抬不起头

2. 人应该爱惜自己的名誉，你怎么能总是让别人批评呢？
   提示：人要脸，树要皮

3. 举行婚礼的时候，我一定要在最好的酒店请客。在小酒店？不行，太丢人了。

   提示：丢不起那个人

4. 这个公司是我创办的，我当时费了很大力气才成功的。

   提示：辛辛苦苦　打……江山

5. 他利用完那个姑娘就把她甩了。

   提示：一脚　蹬开

6. 这个孩子在家里娇生惯养的，现在不高兴就发脾气。

   提示：不顺心　耍小脾气

7. 他现在心里不舒服，你别和他计较。

   提示：迁就

8. 既然你们已经没有感情了，就友好地分手吧。

   提示：好离好散

9. 你别想不开，世界这么大，好男人很多，你可以再找到合适的对象。

   提示：在一棵树上吊死

二、用课文中的句型表达

1. 就是……（V）一V也就过去了

   例句：就是很痛苦坚持坚持也就过去了。

   （1）我知道你现在快要受不了了，可是如果忍耐一下可能就没事了。

   （2）我觉得你们俩现在的矛盾互相迁就一下就没事了。

2. A过A的，B过B的（/A干A的，B干B的）

例句：你们俩的工作没什么关系，你干你的，他干他的，怎么会有那么多矛盾呢？

(1) 你们已经离婚了，各人过各人的日子就行了，还闹什么别扭呢？

(2) 晚上我和丈夫各自忙自己的事，谁也不管谁。

3. 拖（V）也要拖（V）死他

例句：我就是不同意离婚，拖也要拖死他！

(1) 我就不信对付不了他，我给他多布置工作，让他累死。

(2) 我和他关系不好，我一定想办法整他。

4. 我觉得……更别说……再说了……

例句：我觉得做这件事就够难了，更别说多做几件。再说了，你就是做好了这件事也不一定有好结果。

(1) 离婚本身就不是什么好事，加上分财产的事，孩子的事就更麻烦了。

(2) 学一门外语我也觉得很难，学几门就更难了，何况同时学几门也不可能学得很好。

5. 别闹得最后非……不可

例句：我劝你认个错，赔个不是，别闹得最后非上法院不可。

(1) 你们最好别吵架，否则到最后要老师来解决就不太好了。

(2) 我觉得我们最好协商解决，不要到最后我们都失去很多利益。

6. 人生这么短，干吗非得……，最重要的是活得开心

例句：人生这么短，干吗非得哭哭啼啼的，人这一辈子最重要的是活得开心。

(1) 你不要让自己这么累，人应该让自己开心一点。

(2) 既然两个人关系这么别扭就离婚吧，干吗不让自己开心点呢？

### 三、思考与采访

1. 你赞成不赞成复婚?为什么?
2. 复婚后可能会有哪些问题?
3. 找人做一个关于离婚问题的采访。(参考线索:如果你婚姻出现了问题会不会离婚?你周围的人对离婚的看法怎么样?如果离婚你觉得应该怎么对待孩子?你觉得离婚是社会的进步还是倒退?)

**对话性口语课文**

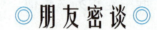

◎ 朋友密谈 ◎

甲:你说我哥和我嫂子,真不知道两个人是怎么回事,好端端的突然就离了,没过多久突然又复婚了,真是让人莫名其妙。

乙:他们破镜重圆不好吗?你怎么还一肚子不满呢?

甲:我不是不满,只是不明白,都是成年人了,怎么做事还这么冲动?

乙:他们俩肯定原来感情不错,为点鸡毛蒜皮的小事一冲动就离了,离了又后悔,然后就合了呗。有什么好奇怪的。

甲:要是换了我,要么不离,要是离了我肯定不再回头,好马不吃回头草嘛!

乙:你这种思想早过时了,现在谁还在乎什么好马不好马,只要能得到幸福就行了。这就跟下棋似的,下错了一步棋,如果能悔棋重新开始,不是也很好吗?

甲:你说的也是。我看我哥,前一阵子自己一个人整天茶不思饭不想的,人整个瘦了一圈儿,现在复婚了,整天都快美死了。看来,他对我嫂子的感情还挺深的。

乙:他们和好了,你家人不也跟着高兴吗?特别是春节快到了,到时候团团圆圆的一大家子,你父母肯定高兴得合不拢嘴。

甲:那当然!我父母最近特开心,好像一下子又年轻了好几岁,整天脸上挂着笑。不像前些天他们俩闹离婚那阵子,差点没把我父母折腾坏了。老两口整天唉声叹气,没精打采的。

乙:现在雨过天晴了,你们家又是和和睦睦的一家人了。你这当小姑子的也该对你嫂子好一点，让她感觉到重回这个家庭的温暖。

甲：我看哪，关键不在我，而在我哥，以前我哥不会表达感情，又爱犯牛脾气，我嫂子当然受不了。现在他俩的日子能不能过好主要得看他们能不能互相适应，互相迁就，否则婚是复了，可感情不一定能越过越融洽。你说是不是？

乙：看不出来你一个小丫头说起话来还一套一套的，真是人不可貌相啊！以后可不敢在你面前充大个儿了，服了，服了！

甲：去你的吧，就会拿我开涮！

## 词语例释

|  |  |
|---|---|
| 破镜重圆 | 比喻夫妻失散或决裂后重又团圆或和好。如：<br>他们俩本来已经分手了，可后来又破镜重圆了。 |
| 鸡毛蒜皮 | 比喻无关紧要的琐事。如：<br>他们夫妻吵架都是因为些鸡毛蒜皮的小事。 |
| 好马不吃回头草 | 比喻已经决定不做的事情不会再回头去做。如：<br>俗话说："好马不吃回头草"，既然辞职了，不管怎样我绝对不会再回去。 |
| 下错了一步棋 | 比喻决定事情的时候决定错了一次。如：<br>我这次跳槽真是下错了一步棋啊。 |
| 雨过天晴 | 比喻风波过去了，一切都恢复了原样。如：<br>我们公司今年遇到过一场危机，现在已经雨过天晴了。 |
| 人不可貌相 | 人不可以根据他的外表来判断他是什么样的人。如：<br>别看他长得丑，可他是我们学校的才子，真是人不可貌相啊。 |
| 充大个儿 | 原指冒充大个子，比喻在别人面前假装自己比别人强。如：<br>别听他瞎吹，他什么本事都没有，就爱在别人面前充大个儿。 |

## 表达拓展 "痛苦"与"高兴"的表达法

### 一、"痛苦"的表达法

这篇课文中出现了"痛苦"的表达法：

**1. 茶不思饭不想**

痛苦得不想吃饭。如：这些天她失恋了，整天茶不思饭不想的。

**2. 整天唉声叹气、没精打采的**

遇到难事、受到打击后很痛苦，没有精神。如：连续三次参加高考都没考上，现在他整天唉声叹气、没精打采的。

除此之外，"痛苦"的表达法还有：

**1. 痛不欲生**

痛苦得不想活下去了。如：失去儿子后他简直是痛不欲生。

**2. 整天以泪洗面**

因为痛苦而每天哭。如：丈夫对她不好，她又不好意思跟家里说，所以整天以泪洗面。

**3. 心碎了**

非常痛苦，好像心破碎的感觉一样。如：我这样对待他他却如此对我，我真是觉得心一点点碎了。

### 二、"高兴"的表达法

这篇课文中还有关于"高兴"的表达法：

**高兴得合不拢嘴**

因为高兴，笑得嘴都合不上了。如：这几天哥哥办婚事，爸妈高兴得合不拢嘴。

除此之外，"高兴"的表达法还有很多。如：

**1. 笑得眼睛都眯成一条缝了**

笑得很厉害的样子。如：你看你，什么事这么开心？笑得眼睛都眯成一条缝了。

**2. 心花怒放**

表示因为某事非常高兴。如：我同时收到了国内名牌大学和国外大学的录取通知书,真的是心花怒放啊!

### 3. 喜笑颜开

因为高兴而满脸笑容。如:因为公司的业绩很好,公司上上下下这几天都喜笑颜开的。

## 一、用正确的语气语调朗读下列句子

1. 真不知道两个人是怎么回事,好端端的突然就离了,没过多久突然又复婚了,真是让人莫名其妙。
2. 要是离了我肯定不再回头,好马不吃回头草嘛!
3. 你这种思想早过时了,现在谁还在乎什么好马不好马,只要能得到幸福就行了。
4. 现在复婚了,整天都快美死了。
5. 那当然!我父母最近特开心,好像一下子又年轻了好几岁,整天脸上挂着笑。
6. 我看哪,关键不在我,而在我哥。
7. 看不出来你一个小丫头说起话来还一套一套的,真是人不可貌相啊!
8. 以后可不敢在你面前充大个儿了,服了,服了!
9. 去你的吧,就会拿我开涮!

## 二、用课文中的词语或句型表达

1. 小红和丈夫吵架了,但没什么大事,都是因为生活中的小事。
   提示:鸡毛蒜皮

2. 这件事不算太奇怪,你怎么觉得那么奇怪呢?
   提示:有什么好奇怪的

3. 我轻易决定不当公务员下海经商,现在觉得这个决定不对。
   提示:下错了一步棋

4. 他不知道什么原因最近瘦得很厉害。

   提示：瘦了一圈儿

5. 我的朋友小飞是个很可爱的女孩子，每天跟人见面打招呼总是笑眯眯的。

   提示：脸上挂着笑

6. 要想解决这件事我不起什么作用，主要是你们科长起作用。

   提示：关键在……而不在……

7. 这小伙子还真有水平，说起话来头头是道的。

   提示：一套一套的

8. 你总是拿我开心！

   提示：拿……开涮（shuàn）

## 三、用"痛苦""高兴"的表达法完成句子或说说下列情景

1. 小王最近整天高兴得要命，笑得眼睛像月牙一样。

2. 康明在结婚前一天和未婚妻过马路时遇上了车祸，未婚妻为了救康明死了，康明悲痛得快要活不下去了。

3. 我最近爱上了一个姑娘，但她对我没反应，我难过得饭也吃不下。

4. 看着他离开我远去的背影，我觉得_____。

5. 先是公司破了产，接着丈夫受不了自杀了，她现在也很痛苦，_____。

6. 第一次听到老师表扬自己，小鸣高兴得_____。

7. 自从下岗以后他就整天没精神，一副很痛苦的样子。

8. 今天我们公司发奖金，每个人脸上都是一副高高兴兴的样子。

# 回顾与复习一

一、听一听

（一）

1. 婚前王明对小华是怎么看的？
   A. 虚荣　　B. 漂亮　　　　C. 有大家之气　D. 温情

2. 现在王明怎么看妻子？
   A. 虚荣　　B. 开诚布公　　C. 大方　　　　D. 知冷知热

3. 婚前小华对王明是怎么看的？
   A. 阳刚　　B. 闷闷不乐　　C. 深沉　　　　D. 抑郁

4. 现在小华对王明是怎么看的？
   A. 稳重　　B. 乏味　　　　C. 总藏着掖着　D. 温情

5. 他们的矛盾表现在几个方面？
   A. 两个　　B. 三个　　　　C. 四个　　　　D. 五个

6. 两人现在的状况怎么样？
   A. 正在互相适应　　　　B. 埋怨对方常常叫苦
   C. 互相看不惯　　　　　D. 天天怄气

7. 关于王明和小华，下面哪个说法是不正确的？
   A. 王明和小华家门不当户不对　B. 王明对父母来说比较顾家
   C. 小华不愿意王明帮父母　　　D. 他们面临着分手的危机

(二)

1. 关于苗苗，哪个说法是不正确的？
   A. 她有点任性　　　　　　　B. 她很在乎她的家
   C. 她后悔结婚　　　　　　　D. 她觉得妈妈不向着自己

2. 关于苗苗的丈夫，下面哪个说法是不正确的？
   A. 他回家就看电视不做家务　　B. 他结婚时已经事业有成了
   C. 他有大男子主义思想　　　　D. 他很喜欢和妻子闹别扭

3. 关于苗苗的妈妈，下面哪个说法是不正确的？
   A. 她觉得苗苗不懂感情才喜欢上了现在的丈夫
   B. 她因为未来的女婿有钱才同意女儿和他结婚
   C. 她不赞成女儿现在的想法
   D. 她觉得夫妻应该互相妥协

4. 苗苗现在不希望什么？
   A. 丈夫事业太成功　　　　　B. 自己的婚姻亮红灯
   C. 分手的时候吵吵闹闹　　　D. 自己忍让保全家庭

5. 关于苗苗的家庭，下面哪个说法是不正确的？
   A. 两个人互不相让　　　　　B. 他们是因为相爱而结婚的
   C. 两个人现在都后悔结婚　　D. 家庭现在充满了火药味

## 二、想一想

1. 在第二课到第四课中我们学过很多关于人的性格或品质方面的词语，请同学们分成两组，比赛一下，看哪组说得多说得快。

| 第一组 | 第二组 |
| --- | --- |
| 任性<br>稳重<br>善解人意<br>…… | 温情<br>深沉<br>女里女气<br>…… |

2. 和爱情婚姻有关的观念有些是有益的，有些是无益的，请同学们分成两组，一组说出有益的爱情婚姻观，一组说出无益的爱情婚姻观。

| 第一组（有益） | 第二组（无益） |
|---|---|
| 志同道合<br>开诚布公<br>一碗水端平<br>…… | 高攀<br>高不成低不就<br>虚荣<br>…… |

## 三、填一填

1. 选用下列词语填空：

| | | | | |
|---|---|---|---|---|
| 亮红灯 | 破镜重圆 | 好马不吃回头草 | 充大个儿 | 雨过天晴 |
| 人要脸树要皮 | 指指点点 | 火暴 | 敬而远之 | 称心如意 |
| 大腕儿 | 折腾 | 一视同仁 | 大手大脚 | 精打细算 |

孙宁的丈夫是文艺界的_____，提起他很多人都知道。结婚后，两个人的消费观很不同，一个_____，一个则_____，再加上丈夫的性格非常_____，对双方的父母不能做到_____，让温柔的孙宁很受不了。不久，两人的感情_____，虽然孙宁很怕周围人的_____，但是她还是选择和丈夫分居。妻子离开后，丈夫开始表现得无所谓，一副没有你我照样生活的样子。别人劝他去找妻子，他还_____，说什么_____。后来，想想自己确实不对，就主动给妻子赔礼道歉，妻子也原谅了他，他们终于_____了。现在他们的婚姻_____，他们终于过上了_____的生活。

2. 选用下列句型填空：

(1) 光顾着……没顾上……    (2) 再怎么……的人（东西）天天……也……了
(3) 都是……给逼出来的    (4) 过去的永远过去了，何必……呢？
(5) 我觉得……，我倒不是说……，而是……
(6) A 干 A 的，B 干 B 的    (7) 别闹得非……不可
(8) V 一 V 也就过去了

我们夫妻俩原本感情基础不错，生孩子后，我_____照顾孩子，_____和丈夫交流沟通，结果丈夫有了外遇。那段时间我们一直冷战，因为我无法面对丈夫。我们俩_____，_____，好像陌生人一样。后来丈夫给我写信，说自己有外遇都是我_____的，因为我整天连看都不

看他，让他觉得在家里没有温情。_____老实的人天天这么忍着_____受不了了，所以就出事了。其实他还是很爱我的。我对他也有感情，自己就安慰自己，他有不对的地方，但_____了，_____离婚不可。过去的永远过去了，_____让它来伤害今天的生活呢？这么一想，倒反而能原谅他了。经历了这件事，我觉得夫妻交流不好真的会有麻烦，_____妻子都应该原谅丈夫，_____要想过上自己称心如意的生活就得学会沟通。

## 四、练一练

用"爱""责备""痛苦""高兴"的表达法填空：

1. 甲：听说他这次真的爱上了一个女孩儿。

   乙：可不是，他说自己第一次看见那女孩儿时就_____，从那天才开始相信一见钟情。他追那女孩儿的时候女孩一不理他他就_____的，真是_____了。

   甲：那最后追上了吗？

   乙：追上了，两个人现在好得很，已经到了_____的程度。两个人走路也是搂搂抱抱的，好像_____似的。

   甲：看来，这次他终于找到了自己的白雪公主了。

2. 甲：你这几天怎么了？_____的？有心事吗？

   乙：我对他那么好，可他竟不要我了，我觉得_____了，活着还有什么意思啊！

   甲：_____，还是大学生呢，怎么能为一个男人想不开呢？何况他已经不爱你了，你和他在一起还有什么意思？平时看你挺明白的，现在_____呢？

   乙：我不是不聪明，只是现在_____的很难受。

   甲：你这么漂亮肯定会有很多优秀的小伙子喜欢你的，你不用在一棵树上吊死。等你找到新的感情时，你就不会这么_____的，肯定变得_____的。

   乙：别开玩笑了，我怎么可能从这段感情中出来呢？

## 五、编一编

用下列说法编写一段对话或短文（至少用上三个）：

| | | | |
|---|---|---|---|
| 喜笑颜开 | 心花怒放 | 就你会出馊主意 | 你总是放马后炮 |
| 人不可貌相 | 一套一套的 | 拿……开涮 | 瘦了一圈儿 |

**参考情景**：甲给乙出主意追一个女孩儿，乙用甲的办法开始效果很好，姑娘同意了，乙很高兴。可后来姑娘知道乙用了一些欺骗的手段，就离开了乙。甲说乙某些地方做得不对，乙很生气，质问甲为什么不早说，好像拿自己开心似的。

## 六、说一说

1. 请试着总结一下婚姻的各个不同阶段（恋爱—结婚—婚后）所面临的问题和不同阶段的特点。

2. 结婚后很多男人觉得别人的妻子更好，你觉得这是为什么？

3. 请以一个孩子的口气说一下父母吵架、离婚又复婚给自己带来的烦恼、困惑。

4. 你们国家的婚外恋情况如何？人们怎么看待婚外恋？

5. 你觉得结婚后家务活应该谁来做？为什么？

# 第五课

## 妇女地位和男女平等

### 听力课文
### "半边天"到底有多大?

### 词语例释

| | |
|---|---|
| 半边天 | 原指天空的一半,比喻女性。如:<br>人们常说"妇女能顶半边天",现在这半边天有时比男人还厉害。 |
| 知足常乐 | 只要满足于现有的生活、条件就会永远快乐。如:<br>他是个知足常乐的人,从不和别人比生活条件。 |
| 决　策 | 决定策略、办法,或决定的策略、办法。如:<br>①这件事需要集体决策。②我还是小兵,没什么决策权。 |
| 分 (fèn) 量 | 重量或说话办事的作用。如:<br>他在公司说话很有分量。 |
| 呵 (hē) 护 | 很关心爱护、保护。如:<br>他对孩子呵护备至。 |
| 束缚 (fù) | 使受到约束限制。如:<br>我的思想被周围的环境束缚住了。 |
| 包　袱 | 比喻某种负担。如:<br>能不能考上大学成了他沉重的思想包袱。 |

| 充电 | 比喻补充知识。如：<br>现在社会竞争激烈，人人都需要不断充电。 |
|---|---|
| 刻不容缓 | 一刻也不能拖延，形容形势紧迫。如：<br>治理环境污染已经刻不容缓了。 |
| 难念的经 | 比喻很难处理的事情或很难说出口的烦恼。如：<br>人人都有难念的经，这不，大家都很羡慕的小乔却没办法生孩子。 |
| 青睐（lài） | 比喻对人或事的喜爱或重视。如：<br>医生这个职业一直很受大家的青睐。 |
| 精英 | 社会中特别出色的人。如：<br>这所大学出来的学生都是社会精英。 |

一、听后判断
1. 现在大部分女性对自己的收入很满意。　　　　　　（　　）
2. 女性在家庭和社会中得到了同样的尊严。　　　　　（　　）
3. 家庭矛盾中女性妥协比男性稍多。　　　　　　　　（　　）
4. 女性在经济上的独立性超过在感情上的独立性。　　（　　）
5. 女性能力的发挥还受到很多因素的制约。　　　　　（　　）
6. 大部分女性希望通过继续学习充实自己。　　　　　（　　）

二、听后选择
1. 关于女性解放，哪个说法是不正确的？（　　）
　　A. 妇女的收入比以前有了大幅度的提高
　　B. 妇女的决策权主要体现在家庭中
　　C. 女性在家庭和社会中更加受到保护和照顾
　　D. 女性对男性各方面的依赖都大为减少

2. 制约女性能力发挥的原因有几个？（　　）
   A. 三个　　　　B. 四个　　　　C. 五个　　　　D. 六个

3. 女性继续学习时不喜欢下列的哪类？（　　）
   A. 外语　　　　B. 营养学　　　C. 法律　　　　D. 管理

4. 大部分女性一般不通过哪种方式充电？（　　）
   A. 读博士　　　B. 读成人大学　C. 读函授　　　D. 自学

## 三、听后回答

1. 女性为什么对自己的收入状况比较满意？
   提示：钱包鼓　知足常乐

2. 当家里遇到困难时怎么办？
   提示：协商

3. 为什么男性比较多的妥协让步？
   提示：呵护

4. 束缚女性发展的包袱都有哪些？
   提示：学历　家务　孩子

5. 为什么女性继续学习时首选外语？
   提示：走俏

## 三、听后思考

你觉得你们国家妇女地位如何？哪些方面进步了？哪些方面没什么变化？

## 叙述性口语课文
## ◎对女性"回家"的看法◎

**王莉,女,35岁,小学教师**

首先我声明,我不赞成女性回家做纯粹的贤妻良母。女性应该趁年轻多做点有意义的事,不应该在锅碗瓢盆中浪费自己的青春。当然,女性追求事业并不一定强求轰轰烈烈,其实,只要在自己的岗位上尽职尽责,也能获得成就感。我只是个小学老师,和月薪两万的丈夫相比收入显得很微薄。丈夫曾想让我回家,但我没同意。我觉得,女性还是应该有点追求的,否则活了一辈子也没什么意义。何况,女性回家一步不慎,有可能完全依附于丈夫,给婚姻带来危机。还别说,因为我有这样的想法,我的丈夫还对我刮目相看呢。

**柳女士,女,27岁**

我年纪轻轻就回家做了个纯粹太太,朋友们都笑我。我丈夫是个不大不小的商人。整天跑东跑西的,家里的老人孩子没个照应。我和丈夫权衡再三,还是我做出让步回了家。现在想想,照顾老人孩子是女人的天职,我觉得女人回家也并不过分。当然,我得提个醒,任何女性在做出回家的决定前,一定要认真掂量自己在丈夫心中的位置和丈夫对自己的忠诚,否则,轻言回家并不是明智的做法。

**李倩倩,女,29岁,业务员**

近两年,我忙着跑业务,顾不上家,丈夫主动承担了全部家务和照顾孩子的重任。这样丈夫倒有点像全职太太了。如果你想做个成功的女性,有时不妨让丈夫回家。

**赵苗苗,32岁,公司职员**

以前如果有谁说让我回家当全职太太,我肯定会摇头,都什么年代了,女人怎么能退回家庭这个小圈子,整天围着锅台转呢?可这几年,随着工作强度的加大,我越来越觉得辛苦,一边要料理家务、照顾孩子,一边还要拼命工作,整天超负荷地转。两头都想处理好,可常常顾了这头顾不了那头,不是孩子生病了没人照看,家里乱得像狗窝,就是时间花在家庭上多了些,在单位得看老板的脸色。有时累得真想躺倒再也不起来了，可天一亮还得打起精神来回奔波。所以我常常羡慕那些不用上班的全职太太，她们有时间照顾好家，做个贤妻良母；同时空闲时间多了还可以去健身、去美容、去旅游，去享受生活。我觉得人家过得才是人的日子，那样的女人活得才叫很精致。要是我们家的总体收入保持现在的状况不变的话，我宁愿选择回家当全职太太。

## 词语例释

| 轰轰烈烈 | 形容声势很大。如：<br>他做了一番轰轰烈烈的事业。 |
|---|---|
| 尽职尽责 | 尽力做好本职工作，负起自己的职责。如：<br>他对工作一直尽职尽责的。 |
| 依附 (fù) | 依靠别的人或事物，不能自己独立。如：<br>过去的女人一直依附于自己的丈夫。 |
| 刮目相看 | 用新的眼光来看待。如：<br>几天不见你就变成了美女，真是让人刮目相看啊。 |
| 权衡再三 | 反复衡量考虑。如：<br>我权衡再三，还是放弃了继续深造的机会。 |
| 掂量(diānliang) | 原指用手托着东西上下晃动估计重量，也指考虑事情该不该做。如：<br>这件事你自己掂量掂量，然后决定怎么做。 |
| 明　智 | 有理智，懂道理，想得周到。如：<br>这对你来说是个明智的选择。 |
| 超负荷(hè) | 超过了原本可以承受的最大的量。如：<br>①因为电超负荷了，所以总是停电。②我不想超负荷地工作。 |

## 一、用课文中的词语表达

1. 我不愿意整天在家里做家务浪费生命。
   提示：锅碗瓢盆

2. 你等着，我一定要考个第一名，让你对我完全改变看法。
   提示：刮目相看

3. 我丈夫的工作经常到处出差。
   提示：跑东跑西

4. 你总是粗心大意，我提前提醒你一下。
   提示：提个醒

5. 你和丈夫吵架后怄气，你得想想你丈夫重视不重视你，如果不重视，变成夫妻冷战多没意思。
   提示：掂量　　在……心中的位置

6. 他家又小又乱，好像很多天没人收拾一样。
   提示：狗窝

7. 我每天晚上累得都想第二天再也不起来了。
   提示：躺倒再也不起来了

## 二、用课文中的句型表达

1. 应该……，不应该……，当然……
   例句：我觉得学生应该把精力放在学习上，不应该总想穿什么衣服，当然也不是说穿得破破烂烂的，整洁就好。
   （1）年轻的时候好好学习比谈恋爱重要，除非有很好的恋爱对象出现。

(2) 职员总是跳槽不好，踏踏实实工作比较受欢迎，如果机会很好的话也可以换工作。

2. 我觉得……还是应该……，否则……，何况……

例句：我觉得年轻的时候还是应该多学点东西，否则老了会后悔，何况现在不学东西根本找不到工作。

(1) 公司现在不改革的话可能面临着很大的危机，而且公司以后也要参加更加激烈的竞争。

(2) 你好好考虑一下，不要轻易离婚，这样对孩子也不好。

3. 还别说

例句：我觉得行动比语言重要。还别说，我踏踏实实干了一年后果然得到了老板的赏识。

(1) 我觉得人心可以换来人心，我对别人好他们果然对我很好。

(2) 他说他一定干出点名堂，果然没吹牛，后来真取得了很大的成绩。

4. 都什么年代了，怎么能……？

例句：都什么年代了，你怎么能歧视女性呢？

(1) 你的脑筋太老了，你不应该觉得做家务丢面子。

(2) 你不应该总觉得穿得旧就是思想好的表现。

5. 顾了这头（A）顾不了那头（B）

例句：妻子和情人他都不想失去，可常常顾了这头顾不了那头。

(1) 她管的事情太多了，肯定管不过来。

(2) 丈夫不在家的时候孩子老人我都要照应，可照应不过来。

### 三、思考与讨论

1. 如果你是女的，你会不会做全职太太？为什么？
2. 如果你是男的，你结婚后喜欢妻子在家还是工作？
3. 在找工作的过程中，女性会遇到哪些问题？
4. 你怎么看待丈夫回家的做法？
5. 如果女性对自己地位不满意，应该怎么做？

**对话性口语课文**

◎ 夫 妻 争 吵 ◎

妻子：哟，这是谁呀！没走错门儿吧？
丈夫：怎么，你就这么欢迎我？
妻子：难道你还想让我给你开个欢迎会？你一走这么多天，孩子病了你也不回来，你心里还有这个家吗？你把家当成旅馆了吗？想来就来，想走就走？
丈夫：你看你，又来了！我难道愿意这样吗？不都是为了工作吗？
妻子：难道我就没有工作吗？为了给孩子看病我都快被老板炒鱿鱼了。你以为整天看老板脸色好受吗？
丈夫：没事，要是他再给你气受咱就辞职，我养着你。
妻子：谁要你养了！我和你一样长着一个脑袋两条腿，干吗让你养？你怎么不说帮我干家务让我好好工作呢？
丈夫：女人嘛，差不多就行了，有几个事业成功的？
妻子：你这大男子主义思想还挺严重的。要是没有家拖累我，还说不定谁比谁能干呢！
丈夫：女子无才便是德，当个女强人有什么用？还是好好料理料理家才是正事。
妻子：你行啊，狐狸尾巴终于露出来了！你以为我们女人低你们一头是吗？好，从今天开始，家务一人一半，看看以后谁的事业干得好！
丈夫：那可不行，我真做不了家务，我那一半还得你做。
妻子：凭什么？我欠你的吗？不行，我坚决不干。
丈夫：好太太，你最贤惠了，你是世界上最好的老婆，是不是？别和我计较，算我说的不对，行吧？

妻子：你早干什么去了？现在才想起说好话了？告诉你，没门儿！

丈夫：好，轮到我做家务的时候我请钟点工。

妻子：你有那么多钱吗？你是不是有小金库？你说，你瞒着我攒了多少钱？

丈夫：没有没有，我哪敢背着你偷偷存钱呢？上次的那二百块钱不是都给你买生日礼物了吗？下次再有外快我还是都花在你身上，好不好？

妻子：哼，说的比唱的还好听！我还不知道，你这是忽悠我让我多做家务。嫁给你这样的丈夫算我倒了八辈子霉了。你说你，除了会工作还能干什么？

丈夫：（嬉皮笑脸的）对，在家里我什么也不会做，这个家就全交给你了，谢谢谢谢！今天晚上我们吃什么？

妻子：真拿你没办法，就会耍嘴皮子！我这辈子算是被你害惨了，事业心全被家务磨没了。唉，不知道底细的都说你脾气好，心疼老婆，其实他们不知道我们家说到底还是男尊女卑啊！

丈夫：我心里感谢你还不行吗？这男主外，女主内的日子也没什么不好的，是不是？

妻子：是是是，我就等着跟你享福了，行吗？唉，这就是我们家的男女平等啊！

## 词语例释

| 女子无才便是德 | 中国古代评价女性，认为女人没有才能就是有德行。如：受女子无才便是德思想的影响，以前很多家庭不允许女孩儿上学。 |
|---|---|
| 狐狸尾巴 | 比喻终于暴露出来的坏想法、坏行为。如：他假装爱她和她接近，现在狐狸尾巴才露出来，原来是看上了她家的地位。 |
| 忽悠 | 用言语行为让对方上当。如：你别忽悠我了，我已经上过一次当了，这次再也不会上你的当了。 |
| 嬉皮笑脸 | 形容嬉笑，不严肃的样子。如：批评你的时候别嬉皮笑脸的。 |

| 耍嘴皮子 | 光说不做。如：<br>你就会耍嘴皮子，到了出力的时候就看不见你了。 |
|---|---|
| 底　　细 | 人或事情的内情、根源。如：<br>他是新来的，我们还不了解他的底细。 |
| 男尊女卑 | 男子地位高，女子地位低。如：<br>长期以来，很多人的心目中还有男尊女卑的观念。 |
| 男主外，女主内 | 男人负责家外的事，女人负责家里的事。如：<br>我们家一直是男主外，女主内。 |

### 表达拓展　"抱怨""埋怨"的表达法

课文中出现了很多"埋怨"的表达法：

1. 你心里还有这个家吗？

埋怨对方不管家。如：你从来不为我们做任何事，整天都是工作长工作短的，你心里还有这个家吗？

2. 你把家当成旅馆了吗？

也可以说"你把家当什么了？"埋怨对方呆在家里的时间太短。如：你每天半夜以后才回来，你把家当成旅馆了吗？

3. 我欠你的吗？

埋怨对方让自己干的事情太多，好像要用干活来还他的债一样。如：我欠你的吗？凭什么我要每天为你洗衣服做饭？

4. 嫁给你这样的丈夫算我倒了八辈子霉了。

埋怨丈夫不好。如：遇到这样的老板算我倒了八辈子霉了，累死也挣不到钱。

5. 除了……你还能干什么？

埋怨对方只会干一样事情。如：你除了会说话还会干什么？将来你就靠说话养活自己吧。

除此之外，还有一些"抱怨""埋怨"的表达法。

1. 要这样的……有什么用？

埋怨人或东西无用。如：

(1) 要这样的书包有什么用？光好看，什么也放不下。

(2) 要这样的男人有什么用？关键时刻只顾自己。

2. 我在你眼里只是个摆设吗?

埋怨对方不关心自己。如：你走来走去的连看我一眼都不看，我在你眼里只是个摆设吗?

3. 我的命怎么这么苦啊!

埋怨自己的命运不好。如：我的命怎么这么苦啊，一辈子没人疼我。

4. 老天怎么这么不长眼啊!

抱怨某事的结果不公平。如：老天怎么这么不长眼啊，这么坏的人反而让她什么都得到了!

## 一、用正确的语气语调读出下列句子

1. 哟，这是谁呀! 没走错门儿吧?
2. 怎么，你就这么欢迎我?
3. 难道你还想让我给你开个欢迎会?
4. 你把家当成旅馆了吗? 想来就来，想走就走?
5. 你看你，又来了! 我难道愿意这样吗? 不都是为了工作吗?
6. 谁要你养了! 我和你一样长着一个脑袋两条腿，干吗让你养?
7. 你行啊，狐狸尾巴终于露出来了!
8. 好太太，你最贤惠了，你是世界上最好的老婆，是不是? 别和我计较，算我说的不对，行吧?
9. 哼，说的比唱的还好听! 我还不知道，你这是忽悠我让我多做家务。
10. 是是是，我就等着跟你享福了，行吗? 唉，这就是我们家的男女平等啊!

## 二、用课文中的词语或句型表达

1. 你和别人是一样的人，你怎么就不能独立呢?

   提示：和……一样长着一个脑袋两条腿

2. 我不相信你说的，你光说得好听，其实你什么都不会为我做的。

   提示：说的比唱的还好听

3. 这个地方你以为是可以随便进出的吗？
   提示：想来就来，想走就走

4. 你觉得你的女朋友挣钱比你少，地位就比你低吗？
   提示：低……一头

5. 怎么说你也不听，非得来工作，真是服了你了。
   提示：拿……没办法

6. 你们还不真正了解他的过去，否则你们不会这么喜欢他的。
   提示：不知底细

## 三、用"抱怨""埋怨"的表达法说说下列情景

1. 我认识你这样的朋友真是倒霉，你做的坏事都得我帮你解决。

2. 你凭什么让我帮你做作业？我又没向你借过钱。

3. 丈夫不关心我，儿子也一样，我真倒霉啊！

4. 你就会撒谎，要是不撒谎你还能干什么？

5. 为什么你现在连看都不想看我？好像我不是个活人似的。

6. 你怎么每天半夜以后才回家呢？

7. 我做了这么多好事可一点好处都没得到，太不公平了！

8. 你什么都不帮我干，你这样的老公什么用都没有！

# 第六课

# 孩子，明天的太阳

## 听 力 课 文
### ◎望子成龙父母心◎

## 词语例释

| | |
|---|---|
| 望子成龙 | 希望儿子能成为有作为的人。如：<br>望子成龙是很多父母的心愿。 |
| 成正比 | 两个事物或一个事物的两个方面一方发生变化，另一方也随之发生相同方向的变化。相反的情况就是成反比。如：<br>人的知识水平和他的见识成正比。 |
| 丰 厚 | 丰富、多。如：<br>如果你努力工作，你会得到丰厚的回报。 |
| 脑体倒挂 | 和正常情况相反，脑力劳动的报酬低于体力劳动的报酬。如：<br>我们国家这种脑体倒挂的现象是不正常的。 |
| 光宗耀祖 | 为祖先、家族增添光彩。如：<br>很多人觉得当官发财是光宗耀祖的事情。 |
| 淡 化 | 问题逐渐冷淡下来，变得无关紧要。如：<br>希望人们的头脑中金钱意识逐渐淡化。 |
| 认 同 | 承认、认可。如：<br>学术界大多认同这种理论。 |

| 奉　　献 | 恭敬地付出。如：<br>他为了山区的孩子奉献了自己的一生。 |

### 一、听后判断
1. 本次采访采用的是问卷调查的方式。
2. 家长文化程度越高对孩子的期望越高。
3. 收入高但不受人尊敬的职业不受欢迎。
4. 年轻人对光宗耀祖的想法开始淡化。
5. 父母认为心理承受力比传统道德更重要。

### 二、听后选择
1. 最大比例的家长希望孩子达到什么文化程度？
　　A. 本科　　　　B. 专科　　　　C. 研究生　　　　D. 高中

2. 接受采访的家长文化程度最低的是
　　A. 小学　　　　B. 高中　　　　C. 专科　　　　D. 不清楚

3. 下面哪种职业是课文中所没提到的？
　　A. 医生　　　　B. 教师　　　　C. 记者　　　　D. 设计师

4. 下面哪种态度在对待光宗耀祖的态度中没提到？
　　A. 没想过　　　B. 无所谓　　　C. 抛弃　　　　D. 发扬光大

5. 下面哪种品质课文中没提到？
　　A. 勤奋　　　　B. 诚实　　　　C. 认真　　　　D. 有道德

### 三、听后回答
1. 家长的文化程度和对孩子学历的期望有什么关系？
　　提示：成正比

2. 为什么很多家长希望孩子从事科技工作？
   提示：知识含量　收入　尊敬

3. 学历和人们对光宗耀祖观念的看法有什么关系？
   提示：认同

4. 为什么家长希望孩子心理素质好？
   提示：竞争　心理承受能力

## 四、听后思考

1. 你们国家的父母对孩子有什么期望？
2. 你觉得在培养孩子时能力更重要还是知识更重要？这两方面有了矛盾时怎么办？
3. 你怎么看待望子成龙的心理？
4. 你觉得教育孩子时严格些好还是宽松些好？
5. 你觉得现在在教育孩子的问题上社会上有哪些问题？应该怎么办？
6. 你觉得培养孩子的品质时哪个方面最重要？为什么？

### 叙述性口语课文
## ◎ 孩子犯了错，打与不打学问大 ◎

教育孩子的方式有多种。打——也许是其中争议最大的一种了，尤其是孩子犯了错的时候。下面，我们来听听几位父母的高见吧。

**举起的手又放下**

王美英，中学教师

暑假的一天，我上班前把6岁的女儿锁在家里。等我下班回来一看，女儿正得意地玩水盆里的纸船。我仔细一看，那些纸船都是用我的荣誉证书做成的，我今年评职称就指望它们了。我扬起了手，女儿看到我发怒的样子，吓得不知所措。

　　看着女儿一脸惊慌和迷惑的样子，我的手又放了下来。常言道：不知者不怪。女儿还不太认字，并不明白那些写着"奖"字的硬纸和别的硬纸有什么不同。我把火气压了下去，赶紧把证书从水里捞出来，用熨斗熨干压平。边收拾边告诉女儿不是自己的东西不要乱动，未经大人允许的事要考虑清楚再决定做还是不做。女儿看着我着急的样子，意识到自己的过失，后悔地说："妈妈，我以后再也不乱翻东西了。"

　　生活中，孩子做错事是常有的，有时打并不能解决问题。

**打孩子会助长他的暴力倾向**
赵女士，个体业主
　　我儿子4岁左右时，爱打人，主要是打保姆和小朋友。
　　其实，孩子打人大都是受了什么暴力镜头的影响或者周围有这样的孩子。如果这时你惩罚他的方式是打他，不但起不到教育作用，还会助长他的暴力倾向。
　　一天，保姆被打了，而且孩子还说："你不好，我让妈妈赶你走！"保姆气哭了。我对儿子说："妈妈不会打你，因为打人是坏人干的事。姐姐被你打了，但没还手，说明她是好人，妈妈不会赶姐姐走。你打了姐姐，你是坏人，我们不跟坏人玩。"我们一家人都说不理坏人。两个小时里，小东西找碴儿跟我们讲话，看我们都不搭腔，他很沮丧。又过了一个小时，他哭了，说他不当坏人了，姐姐对不起。我们都表扬他改正缺点，是好孩子。不久，他又举起手要打姐姐，我们一起盯着他，好像说："要当坏人？"孩子马上放下手说："差点儿又变成坏人了。"
　　所以，我觉得，无论如何不要打孩子。不管什么原因，我觉得打孩子都是很卑鄙的，因为你比孩子有力气，智力比他高得多，孩子挨打，只会助长他的暴力倾向，使孩子以后成为问题少年。

**打孩子也是为了爱**
童先生，公司职员
　　真的，有时打孩子是为了爱他，并不是说我们力气比他大就采取这种体罚的方式，而是因为这种方式给孩子留下的记忆最直接、最深刻。因为有些错误是不允许孩子再犯的。我举个例子：我小时候是姥姥看的，她最疼我，我记忆中姥姥只打过我一次，是因为我在幼儿园玩电门。那个电门是坏的。当时吓了老师一跳。老师把这事告诉了爸爸，爸爸没说什么，只是回家吃饭时随意说给大家听。

我姥姥当时实实在在地给了我两巴掌，疼得我哭了。姥姥说："我打你是让你记住，以后不管在哪里都不能玩电。现在让你疼一下总比以后电死后悔强。"从那以后，我再没玩过电门，不是怕电死，而是怕挨打。现在回忆起来，姥姥唯一的一次打我我还记忆犹新，但我没有丝毫的怨恨，只有感激。

我的岳母照看她的孙子，孙子拉肚子一个多星期去不了幼儿园。原因是岳母带他去亲戚家，他吃了好多冰箱里放的熟肉，又喝了冰的可乐。我问："您当时怎么不管他呀？"岳母说："我说了好多次，他也不听。"我说："您怎么不打他呀？"岳母说舍不得打，可我觉得宁可打他一巴掌也比他闹一个多星期的肚子强，孩子多受罪啊！

当然打孩子也要注意方式。第一，不打要害，下手不能太重。第二，不到万不得已不要轻易打孩子。第三，即使打孩子也要让孩子知道我们不喜欢的是他做错的事，不是他本人。别让孩子觉得自己犯了错父母就讨厌他了。第四，主动和孩子和好，别让孩子养成记仇的心理。这样，即使你打了孩子，孩子也不会因此和你疏远，有时反而对你更亲了，因为孩子能感受到你打他是因为爱他。

**别让孩子失去探索世界的勇气**

张女士，小学教师

我也是因为孩子开煤气的事打过孩子一次，当时什么也没说，只是狠狠地打了她手两下，跟她说不准再碰。果然见效。一年多过去了，女儿再没敢碰过。可是，她也因此变得比较胆小，不经大人允许的事自己就不敢做。有时觉得后悔，打她确实是因为爱她，但是也可能因此让孩子养成了畏手畏脚的心理，不敢大胆地去探索新的事物。所以打孩子确实是一种无奈的爱。

另外，打孩子的时候，父母之间一定要配合好，才能起到教育孩子的作用。也就是说一个要唱红脸，一个要唱白脸。打孩子的一方态度严厉些，让孩子知道她做的事是很严重的。另一方则要温和地给孩子讲道理，引导孩子认识自己的错误，承认自己的错误。如果孩子认了错，大人就要温柔地接受，最后抱抱孩子，让她明白自己永远是爸爸妈妈的宝贝，只要她改掉缺点，她就是个

很棒的孩子。切不可两人都打孩子，或者一个打，一个护，这样就会完全失去打孩子的效果。

(根据晓武《该不该打孩子》改写)

## 词语例释

|  |  |
|---|---|
| 助　　长 | 帮助增长（坏的方面）。如：<br>这种政策可能会助长不正之风。 |
| 找碴儿 | 故意找话题或故意挑毛病、找麻烦。如：<br>①他总找碴儿跟你说话，是不是喜欢你呀？②你想找碴儿打架吗？我可不怕你。 |
| 搭　　腔 | 接着别人的话来说。如：<br>我问你话，你怎么不搭腔？ |
| 卑鄙 (bǐ) | 言语、行为等恶劣，不道德。如：<br>我没想到他在背后说人的坏话，真是个卑鄙的小人。 |
| 体　　罚 | 用身体受苦的方式来惩罚。如：<br>不管怎么样你也不应该体罚孩子。 |
| 受　　罪 | 身体或精神受到折磨。如：<br>①在这样的环境下工作真是太受罪了。②咱们不受这个罪了，跟爸爸回家。 |
| 要　　害 | 指身体上可以要人性命的部位。也比喻重要的部分。如：<br>你一定要记住打人不能打要害。 |
| 记　　仇 | 把对别人的仇恨记在心里。如：<br>别看他小，可他已经会记仇了。 |
| 疏　　远 | 关系或感情上有距离，不亲近。如：<br>孩子和我之间变得比较疏远。 |
| 畏手畏脚 | 怕这怕那，不敢放手去做。如：<br>这孩子畏手畏脚的，肯定是从小父母管教太严了。 |

| 一个唱红脸，一个唱白脸 | 在做事时两个人互相配合，一个比较温和，一个比较严厉。如：在教育孩子方面，父母两人一个唱红脸，一个唱白脸效果比较好。 |

## 一、用课文中的词语表达

1. 孩子第一次想要东西满地打滚儿的时候一定不要迁就他，否则将来他任性的性格就会越来越厉害。

   提示：助长

2. 你干什么？没事找事想打架吗？

   提示：找茬儿

3. 这几天我们俩闹别扭，我跟他说话他也不说。

   提示：搭腔

4. 天这么热别参加排练了，太难受了。

   提示：受罪

5. 如果你无缘无故地讽刺一个人，伤害了他的自尊心的话，他一辈子都会恨你。

   提示：记仇

## 二、用课文中的句型表达

1. 不知者不怪

   例句：这件事你不了解，不能批评你，不知者不怪嘛！

   （1）一个小孩子不知道自己家的钥匙不能给别人，妈妈没办法换了家里所有的锁，她很生气，爸爸怎么说？

(2) 你不知道朋友的妈妈已经去世了，你说的话让朋友很伤心。你给他赔不是，他怎么说？

2. 把火气压了下去

例句：想想发脾气也无济于事，我把火气压了下去。

(1) 孩子撒谎了，妈妈刚想打他，忽然想到孩子从来没无缘无故撒过谎，就忍着先问问怎么回事。

(2) 老师看着学生们的成绩很生气，可他知道发脾气也没用，所以控制住自己好好跟学生说。

3. 让（某人）……总比以后……后悔强

例句：现在让你吃点苦总比以后找不到工作后悔强。

(1) 现在她虽然很累，但再累也比以后考不上大学好。

(2) 现在栽跟头不怕，将来如果出事后悔也来不及。

4. 不到万不得已不要轻易……

例句：不到万不得已不要离婚，否则你将来会后悔的。

(1) 除非你实在受不了了你可以放弃，否则应该坚持下去。

(2) 除非你到了非借钱不可的时候才可以借钱。

5. ……的时候，两方要配合好，一方……，另一方……

例句：游戏开始的时候两方要配合好，一方注意防守，另一方主动找机会进攻。

(1) 表演"大变活人"魔术的时候魔术师和助手一个转移观众的注意力，一个从别的通道走掉。

(2) 双打比赛的时候通常一人负责近球，一人负责远球。

## 三、思考与采访

1. 你觉得该不该打孩子？为什么？
2. 你觉得"严父慈母"好还是"严母慈父"好？
3. 除了打以外，你能说一下别的惩罚孩子的方式吗？
4. 采访几个父母，听一听他们对该不该打孩子的看法。

---

**对话性口语课文**

### ◎ 可怜天下父母心 ◎

妈妈1：李大夫，是你呀，这么巧！

妈妈2：是啊，没想到在这儿碰上你。今天怎么有空逛商店呢？

妈妈1：我女儿过几天有演出，我先来帮她看看衣服，现在这孩子，难伺候啊！

妈妈2：可不是，我今天休息，来给孩子买点好吃的，现在孩子学习太紧张了，营养跟不上可不行。

妈妈1：你是大夫，这方面可是专家，有什么补脑的秘诀你可千万记得告诉我，我也好照葫芦画瓢学着做。我女儿有一次在你家吃过一次饭不是吗？回来简直是赞不绝口，说我做的跟猪食似的，都快绝食抗议了。唉，这妈可真难当。

妈妈2：一提你女儿，我可真是羡慕死你了，你怎么那么好命，摊上这么个好孩子，要模样有模样，要身材有身材，要人品有人品，学习又顶呱呱的，这样的孩子上哪儿找去？

妈妈1：你别光夸我女儿，你家丫头也不错呀。学习和我孩子不相上下，模样也没挑的，跟你像一个模子里出来的似的。特别是那张小嘴，甜死人，一口一个阿姨叫得你心里美滋滋的，真是招人喜欢。

妈妈2：女孩子大了，其实漂亮了不是什么好事。总有些男同学什么的给她递条子，我每天提心吊胆的，生怕她哪一天一不小心动了感情，那可就麻烦大了。

妈妈1：这种事你也别大惊小怪的，我女儿也常收到情书。还有一段时间她天天回家就说一个男孩子，我知道这孩子有点问题了，但我故意不捅破窗户纸，只是随意跟她聊天，让她知道早恋的害处，后来她渐渐不提那男孩儿了，学习也更好了。要是我一急批评了她，那还不知道会有什么后果呢。

妈妈2：你还挺懂心理学的，佩服佩服，我真该好好向你取取经，怪不得你女儿那么出色呢！

妈妈1：哪里哪里，咱们有空多切磋切磋，交流一下育儿经，说不定咱一下子就培养出两个名牌大学的学生来，那时再自豪也不迟，是吧？

妈妈2：对对对，我们一定常联系，有什么好方法别忘了相互通通气，谁让咱们是妈妈呢。

妈妈1：对呀，要不人家怎么说可怜天下父母心呢！

## 词语例释

| | |
|---|---|
| 照葫芦画瓢 | 比喻照样子模仿。如：<br>你画画的时候不要照葫芦画瓢，应该画出自己的感觉。 |
| 赞不绝口 | 不停地称赞。如：<br>大家都对他的作品赞不绝口。 |
| 绝食抗议 | 用不吃饭的方式抗议。如：<br>你要是不同意我和她结婚我就绝食抗议。 |
| 递条子 | （为了达到某种目的）把写有某些内容的便条递给某人。本课中"条子"指情书。如：<br>①上课的时候不要随便递条子。②这个小男孩给自己喜欢的女孩递条子。 |
| 大惊小怪 | 形容对于不算奇怪的事情过分惊讶。如：<br>不就是一只蚂蚁吗？有什么值得大惊小怪的？ |
| 捅(tǒng)破窗户纸 | 窗户纸，比喻双方都清楚但都没说出来的情况。"捅破窗户纸"意思就是把这种情况说出来，让彼此更了解或让对方不会继续做某事。如：<br>①他们俩都对对方有意，但谁也不肯捅破这层窗户纸。②他做的事他自己清楚你也清楚，干脆你就捅破这层窗户纸，让他明白你不是好欺负的。 |

| | |
|---|---|
| 取经 | 比喻向先进单位、人物吸取经验。如：<br>你的学习方法确实有独到之处，我有空一定向你取取经。 |
| 切磋（cuō） | 比喻互相商量研究，学习长处，弥补短处。如：<br>最近你的球艺长进了不少吧？什么时候我们切磋切磋？ |
| 通气 | 互相通报消息，以便了解情况。如：<br>要是你知道这件事的结果，你一定早点跟我通通气。 |

### 表达拓展 "夸奖""称赞"的表达法

课文中有一些"夸奖""称赞"的表达法：

1. ……方面你可是专家

夸奖某人某方面水平高。如：教育孩子方面你可是专家，将来你得多教教我。

2. 对……赞不绝口

表示对某人或某种事物不停地夸奖。如：我去他家的时候对他家的布置赞不绝口。

3. ……要模样（N）有模样（N）

夸奖某人几个方面都很好。如：你说小王这小伙子，要人品有人品，要头脑有头脑，真是难得啊！

4. ……没挑的

夸奖某人或某物很完美，没什么缺点。如：老王这样的丈夫真是没挑的。

5. ……真是招人喜欢

夸奖某人可爱，让人喜爱。如：这孩子红红的嘴唇，白白的皮肤，大大的眼睛，真是招人喜欢啊！

除此之外，还有很多表达"夸奖""称赞"的方法。如：

1. ……真是百里挑一

称赞、夸奖某人十分出众。如：你家的姑娘不论是长相还是能力都是百里挑一。

2. ……（人、工作等）打着灯笼也难找

称赞夸奖某人、某工作非常好，非常难得。如：
这份工作真是打着灯笼也难找，你应该珍惜机会。

**3. 听君一席话，胜读十年书**

称赞、夸奖对方说的话很好，对自己很有意义。如：我怎么早没和你聊聊呢，真是听君一席话，胜读十年书啊！

## 一、用正确的语气语调朗读下列句子

1. 李大夫，是你呀，这么巧！
2. 是啊，没想到在这儿碰上你。今天怎么有空逛商店呢？
3. 现在孩子学习太紧张了，营养跟不上可不行。
4. 我女儿有一次在你家吃过一次饭不是吗？回来简直是赞不绝口，说我做的跟猪食似的，都快绝食抗议了。
5. 一提你女儿，我可真是羡慕死你了，你怎么那么好命，摊上这么个好孩子，这样的孩子上哪儿找去？
6. 你别光夸我女儿，你家丫头也不错呀。
7. 我每天提心吊胆的，生怕她哪一天一不小心动了感情，那可就麻烦大了。
8. 你还挺懂心理学的，佩服佩服，我真该好好向你取取经，怪不得你女儿那么出色呢！
9. 哪里哪里，咱们有空多切磋切磋，交流一下育儿经。
10. 对呀，要不人家怎么说可怜天下父母心呢！

## 二、用对话中的词语或句型说说下列情景

1. 你是研究食品营养的专家，你知道的保养身体，防止衰老的方法一定要告诉我。

   提示：有……秘诀可千万记着告诉我

2. 你这个设计图不行，完全是模仿国外的设计嘛。

   提示：照葫芦画瓢

3. 你的运气那么好，真让人羡慕。
   提示：羡慕死　好命

4. 老王的儿子和老王可真是太像了。
   提示：一个模子里出来的似的

5. 他对人很亲热，看见我总是大哥长大哥短的。
   提示：一口一个……

6. 这种事你不说，他不说，但是彼此都知道，什么时候说出来了就可以开始谈恋爱了。
   提示：捅破窗户纸

7. 听说你家的果树长得比别人家的都好，我什么时候去向你学习学习。
   提示：取经

8. 我们俩都是研究书法的，应该多交流一下。
   提示：切磋

9. 你要是知道了比赛结果早点告诉我，我知道了这次选拔的结果也会告诉你。
   提示：通通气

10. 父母为孩子操碎了心，可孩子还常常不领情，父母真是让人同情啊！
    提示：可怜天下父母心

## 三、用"夸奖""称赞"的表达法完成句子或说说下列情景

1. 你的女朋友确实是很难找到的好姑娘。

2. 你是教烹饪的老师，做饭你当然水平最高了。

3. 我们去一家饭店吃饭,吃完后大家都不停地夸奖那里的饭菜好吃。

4. 这小伙子相貌不错,体型也很好,也很有才能。

5. 这个姑娘长相很出众,很多人中才能找到一个。

6. 你觉得这里的工作环境怎么样?＿＿＿＿＿＿,我很满意。

7. 我怎么早没遇到你这样的明白人呢,今天 ＿＿＿＿＿＿,我知道以后应该怎么做了。

8. 这个小男孩见人就叫爷爷、奶奶,哥哥、姐姐,真是太可爱了。

# 第七课

## 老年人的生活和困惑

### 听力课文
### ◎家住老年公寓◎

### 词语例释

| | |
|---|---|
| 后顾之忧 | 指来自家里或后方的需要担心发愁的事情。如：<br>感谢领导为我们解除了后顾之忧，我们一定安心工作。 |
| 终极关怀 | 最终的关怀，指对将要死亡的病人给予关心照顾，使其平静度过生命的最后时间。也作临终关怀。如：<br>现在很多医院开设了终极关怀病房，让医生护士陪伴老人走完生命的最后几步。 |
| 脑血栓(xuèshuān) | 一种疾病，由于脑动脉硬化、血液黏稠度高等原因，脑血管中形成血栓，使血液不能顺畅地流动。如：<br>她得了脑血栓，最后半边身体瘫痪了。 |
| 颐(yí)养天年 | 保护调养自己一直到生命结束。如：<br>这里有山有水，是个颐养天年的好地方。 |
| 后盾 | 指在背后支持、援助的力量。如：<br>家庭是我坚强的后盾。 |
| 营造 | 经营制造，多指环境气氛等。如：<br>我们要为孩子营造一个安全、舒适的学习环境。 |

|  |  |
|---|---|
| 温　　馨 | 温和芳香或温暖和谐。如：<br>我喜欢温馨的家庭气氛。 |
| 各取所需 | 各人得到自己所需要的。如：<br>今天我们吃自助餐，大家各取所需吧。 |
| 自得其乐 | 自己找到自己的快乐。如：<br>没人管他，他正好自得其乐。 |
| 老有所得、<br>老有所乐 | 人老了之后有所收获、得到快乐。如：<br>退休后我们还要积极地生活，争取老有所得、老有所乐。 |
| 一如既往 | 完全跟过去一样。如：<br>我一定会一如既往地支持和帮助你。 |
| 弱　　化 | 变得薄弱。如：<br>官本位的思想进一步弱化。 |
| 强　　化 | 加强，使巩固。如：<br>我们应该在考试前进行强化训练。 |
| 蒸蒸日上 | 比喻事业天天向上发展。如：<br>祝愿我们的公司蒸蒸日上。 |

## 一、听后判断

1. 老年公寓是社会养老方式中的一种。　　　　　　　　　　（　　）
2. 以前老人们不愿进养老院，因为孩子怕别人说自己不孝顺。（　　）
3. 大部分老人是因为子女忙住进老年公寓的。　　　　　　　（　　）
4. 大部分老人觉得还是家比老年公寓好。　　　　　　　　　（　　）
5. 老人住进老年公寓后，孩子们仍对他们很关心。　　　　　（　　）
6. 收入低的老人不能住老年公寓。　　　　　　　　　　　　（　　）

## 二、听后选择

1. 下面哪个不是老人们住老年公寓的原因？（　　）
   A. 老年公寓集体生活有意思　　B. 老年公寓的条件较好
   C. 减轻孩子的负担　　　　　　D. 自己生活太麻烦

2. 课文中提到的老年公寓分为几个区域？（　　）
   A. 两个　　　　B. 三个　　　　C. 四个　　　　D. 五个

3. 老年公寓里，下面哪种娱乐活动没提到？（　　）
   A. 打门球　　　B. 画画儿　　　C. 健身　　　　D. 唱京剧

4. 老人住进老年公寓后，和子女的关系如何？（　　）
   A. 和原来一样　B. 更密切　　　C. 有所疏远　　D. 无所谓

5. 关于这篇课文，哪个说法是不正确的？（　　）
   A. 家庭养老已经不能满足养老的需要了
   B. 以前的老人受传统观念的影响不想去老年公寓
   C. 孩子为了推卸责任将父母送进老年公寓
   D. 老年公寓的条件很好，但还有很多方面需要改善

## 三、听后回答

1. 为什么中国的养老问题日益严重？
   提示：老龄化

2. 李大妈为什么把老伴儿送进老年公寓？
   提示：脑血栓　卧床不起

3. 老人在老年公寓里生活怎样？
   提示：各取所需　老有所得　老有所乐

4. 老人离开家后亲情有没有发生变化？
   提示：距离　疏远

5. 说话人希望养老事业怎样？
   提示：蒸蒸日上

## 叙述性口语课文
### ◎ 老年人的生活 ◎

随着中国进入老龄化社会，我们国家的老年人口越来越多。老年人的生活引起了社会的极大关注。为此，笔者采访了部分老人，以了解老年人生活的真实情况。

1. 我今年61岁了。去年刚刚退休。刚退下来那会儿，整天难受得要命，心里突然觉得空落落的。后来，我觉得我搞了一辈子技术，身体好好的就闲在家里太难受了。正好原单位也需要我，我就返聘回到了单位。这下好了，不用整天在家里唉声叹气了，可以找到我的用武之地了。我出来干倒并不是为了多挣几个钱，一来呢，是想解解闷，二来呢，干点自己力所能及的事情，也是为了发挥一下余热。现在我觉得可比以前精神多了。

2. 我呀，也是去年退休的，这退休后悠闲自在的生活真是神仙过的日子。现在很多人退休了又出去找事儿干。我可不这么想。我觉得工作了一辈子，也辛苦够了，现在该享点清福了。退休后的第二天，我就安排好了自己的生活。一般早上起来活动一个多小时，打打太极拳，散散步。别人都夸我现在太极拳打得很到家。上午去菜市场转一转，买点新鲜的蔬菜水果什么的。中午休息一会儿后是我的读书看报时间。晚上吃完晚饭，我就和老伴儿出去跳跳舞。现在我们两个人配合得越来越默契。你还别说，这跳舞对人的身心都大有益处。我老伴儿以前总觉得自己老了，穿衣服也专挑素的穿，现在反而觉得精神焕发，整个儿跟换了个人似的。日子啊，也觉得越过越舒心了。

3. 人们都说孩子一出生就有了无穷无尽的操心，这话一点也不假。你看我，三十年前为自己的孩子忙活，三十年后又为孩子的孩子忙活。从退休到现在，我马不停蹄地从儿子家到女儿家照顾第三代。真的是两眼一睁，忙到熄灯。累是真累，但看到孙子外孙一个个长大了，围着你跑来跑去的，心里也甜丝丝的。再说，儿子女儿都处在事业上起步的阶段，我不帮他们谁帮呢！趁着我还干得动，我这把老骨头为了孩子们就好好再发挥点作用吧。

4. 你说什么？采访？不行，不行，没时间。我得赶快回家做饭去。你问我多大年纪？今年74啦。身体还好，没什么大毛病，有点小病小痛的不算什么。这不，我的三个孩子三家一共九口现在都住在我家。他们的工作都不太理想，说是自己过不富裕，一起过的话能省不少费用。当然啦，这柴米油盐的我都包了，他们可不就节省了吗？你说我将来怎么办，我也不知道，过一天算一天吧，到我闭眼的那一天，他们也就指望不上我啦。

## 词语例释

| 返 聘 | 聘请离退休人员回原单位继续工作。如：<br>去年退休后今年又返聘回去工作了。 |
|---|---|
| 用武之地 | 原指使用武力的地方。比喻可以发挥自己能力的地方。如：<br>这个公司给了我发挥能力的机会，我终于找到了用武之地。 |
| 解 闷 | 解除烦闷。如：<br>看看电影、和别人聊聊天都可以解闷。 |
| 力所能及 | 自己的力量所能办到的。如：<br>孩子在家里应该干一些力所能及的家务。 |
| 发挥余热 | 指老年人退休后继续工作或发挥其特长。如：<br>退休后我义务辅导孩子，好让自己发挥余热。 |
| 悠闲自在 | 没有忙碌的、受约束的感觉，很舒服，很自由。如：<br>假日里在海边钓钓鱼，享受一种悠闲自在的生活。 |
| 享清福 | 享受清闲安适的生活。如：<br>你真是不会享清福，这么大年纪了还非得出去干活儿。 |
| ……得到家 | 达到很高的水平。如：<br>你的普通话说得很到家。 |

| 默契（qì） | 双方的意思不用明白说出来彼此就很一致。如：他们在一起非常默契，一看就知道不是刚谈恋爱。 |
| 素 | 颜色浅，不花哨。如：我喜欢穿素色的衣服。 |
| 精神焕（huàn）发 | 指人很有精神、很有活力。如：老人们穿上演出服都是一副精神焕发的样子。 |
| 马不停蹄 | 比喻一刻也不停，一直前进。如：接到你的电话，我就马不停蹄地赶了过来。 |

## 一、用课文中的词语表达

1. 春节过完了，孩子们都走了，妈妈觉得心里很不舒服。
   提示：空落落（lào）

2. 妈妈，你别上班了，我现在挣的钱可以让你生活得很好，你可以在家里舒舒服服地过日子。
   提示：享清福

3. 他学滑冰学了很长时间，滑冰的动作跟专业运动员似的。
   提示：……得很到家

4. 他们俩一起主持节目已经很长时间了，有些节目不用准备就可以合作得很好。
   提示：默契

5. 他最近可能遇到什么开心事了，整天都很有精神。
   提示：精神焕发

6. 我是辛苦命，什么时候我死了就不操心了。
   提示：闭眼

## 二、用课文中的句型表达

1. 这下好了

   例句：我本来就想买个健身器，这下好了，女儿送了我一台，我可以在家里锻炼身体了。

   (1) 你喜欢教书，调到这所学校后终于可以好好发挥自己的才能。

   (2) 小明的妈妈希望小明能考上好大学。现在有一所理想的大学要提前录取他，妈妈可以放下心来了。

2. 一来呢，……，二来呢，……

   例句：我想去四川旅游，一来呢，看看峨眉山等自然风景，二来呢，可以看看杜甫和苏东坡的故居。

   (1) 我要自己办公司，这样既可以锻炼能力，也可以赚点钱。

   (2) 我建议你选择国外的大学，这样既可以学外语，又可以长见识。

3. 真是神仙过的日子

   例句：我的同学不工作，整天下下棋，逛逛街，真是神仙过的日子啊。

   (1) 这个地方依山靠海，气候冬暖夏凉，完全没有污染，住在这里的人好像神仙一样。

   (2) 你住着大房子，开着好车，享受着好的条件，这么舒服还有什么不满意的？

4. 跟换了个人似的

   例句：她的发型一变整个人显得很年轻，跟换了个人似的。

   (1) 他以前又懒又馋，现在又勤快又能干。

（2）妻子结婚以前很温柔，现在却和以前不一样，变得很厉害。

5. 累（Adj.）是真累（Adj.），可是……
   例句：这东西漂亮是真漂亮，可是价钱太高，我舍不得买。
   （1）小李做事确实认真，可是脑子不太灵活。

   （2）自己做生意真的很辛苦，可是可以挣很多钱。

6. 过一天算一天
   例句：我已经老了，没什么希望了，过一天算一天吧。
   （1）你的同学工作没有积极性，只是一天一天挨时间，你怎么批评他？

   （2）我和丈夫关系不好，但不想离婚，将来怎么样也不知道，凑合着过吧。

## 三、思考与讨论

1. 你们国家老年人有哪些生活方式？
2. 你怎么看待"老有所为"这个说法？
3. 老年人的娱乐方式有哪些？
4. 你觉得社会应该为老年人提供哪些"银发服务"？
5. 你觉得父母该不该帮儿女照顾孩子？为什么？
6. 你怎么看待社会上的"啃老"（孩子在经济上沾父母的便宜）现象？
7. 老年人和子女之间会有哪些矛盾？应该怎么办？
8. 请你谈谈老人怎样才能保持身体健康，精神愉快？

---

**对话性口语课文**

## ◎ 走进老人的内心 ◎

王莉：李姐，这几天怎么老没见你有笑模样？你这个乐天派怎么也变得愁眉苦脸的？

李红：唉，别提了。烦心事多着呢。

王莉：什么事？说出来听听，我帮你合计合计。

李红：你说，自打我妈去世后，我们家老爷子就整天蔫头耷脑的，一点精神都没了。我原来觉得过一段时间就好了，可这一晃三年过去了，我爸还是整天闷闷不乐的。前几天回去，看他一个人坐在阳台上发呆，我这心里说不上是个什么滋味。

王莉：他这是典型的空巢症。只不过比一般空巢症还要厉害，人家一般都是因为老了子女都分出去单过了心里有些空虚，他可是身边又没子女又没老伴。你想想，让你整天一个人呆着也会闷得慌吧？

李红：那怎么办呢？我们总不能不上班天天陪着他吧？

王莉：我看啊，最好的办法是再给他找个老伴儿，两个人也好互相有个照应。

李红：前一阵子是有人给他介绍来着，可我哥哥弟弟都不同意，我爸也没说什么，这事就给搁下来了。

王莉：这你得劝劝他们。难道他们就忍心看着老人整天一个人形影相吊的，连个说话的人都没有？

李红：我哥哥弟弟也是看了很多报道，说这黄昏恋成功的并不多，很多老人因为空虚走到一起，结合了才发现彼此谈不来，一辈子已经形成的脾气秉性谁也改不了，最后还得分开。这还是好的，听说还有的因为财产问题一家人闹得鼻子不是鼻子脸不是脸的，何苦呢？

王莉：话可不能这么说，社会上是有些因为老年婚恋带来的问题，可是也不能怕呛着就不喝水啊。再说，也不是所有的再婚老人功利心都那么强，只要好好选择，老年人也可以找到情投意合的人。你说是不是？

李红：可也是。我再考虑考虑。反正老爷子不能老这么闷闷不乐的，否则非闷出病来不可。

王莉：是呀，什么事也没老人的身体重要，要是他身体垮了，你们的苦日子可就来啦。这个理儿，你哥哥弟弟也不是糊涂人，不会不明白的。

李红：这个周末我们家得开个家庭会议，好好说说这个事儿。

王莉：这样最好不过了。不过，这是你们的家务事，我唠唠叨叨说了这么多，你不会嫌我多管闲事吧？

李红：看你说的，我感谢你还来不及呢，怎么会嫌你呢？我得回家看看去了，以后再跟你聊吧。

王莉：别忘了替我向大叔问个好！
李红：好嘞！忘不了！明儿见！
王莉：明儿见！

## 词语例释

|  |  |
|---|---|
| 乐天派 | 因对自己的处境很乐观而没有忧愁的人。如：<br>他可是个有名的乐天派，今天怎么也发愁了？ |
| 愁眉苦脸 | 形容发愁的表情。如：<br>你这几天有什么心事吗？怎么整天愁眉苦脸的？ |
| 烦心 | 心情烦躁。如：<br>过日子谁没有点烦心事呢？ |
| 蔫(niān)头耷(dā)脑 | 形容人没有精神的样子。如：<br>因为天气太热了，学生们上课时都蔫头耷脑的。 |
| 空巢(cháo)症 | 指儿女们都离家单过后，老年人因孤独而引起的身体或心理的疾病。如：<br>如何解决空巢症问题是整个社会都应该关心的大问题。 |
| 形影相吊 | 形容孤独。如：<br>她独来独往的，整天形影相吊。 |
| 黄昏恋 | 特指老年人的恋爱。如：<br>人们对黄昏恋的看法多多少少受传统思想的影响。 |
| 怕呛(qiāng)着就不喝水 | 比喻因为害怕事情的结果不好就不敢做。如：<br>你没试怎么知道你不行？你以前吃过亏我知道，可你也不能怕呛着就不喝水啊。 |
| 功利心 | 片面追求实际利益的想法。如：<br>你培养孩子的时候不要有功利心。 |

**垮 (kuǎ)** 倒塌。也指精神或身体完全不行了。如：失恋后他的精神一下子垮了。

## 表达拓展　引入话题和承接话题的表达法

这篇课文中引入话题和承接话题的表达法有：

**1. 什么事？说出来听听？**

承接话题的连接语。如：唉，真是麻烦死了！——什么事？说出来听听，我也许可以帮你出出主意。

**2. 你说，……**

表示开始话题时引起对方注意的提示语。如：你说，最近我们公司怎么有这么多奇怪的事呢？

**3. 我看啊，……**

表示引入另外一个话题或承接话题。如：我看啊，这件事你这么处理有点欠考虑。我觉得……

**4. 话可不能这么说**

承接话题表示反对对方观点。如：我觉得胖人就不应该打扮得很厉害，这样别人可以不太注意他。——话可不能这么说，难道胖人就不能爱美吗？

**5. 可也是**

表示承接话题，意思是原来没想到，现在经人家一说也表示赞同。如：可也是，我原来怎么没想到太聪明也有坏处呢？

**6. 看你说的，……**

用轻微责备的口气承接话题。如：看你说的，我怎么会忘掉这么重要的事呢？

除此之外，引起话题和承接话题的表达法还有：

**1. 昨天（前面）的情况大家都知道，后来怎么样了呢？**

引入话题，让别人开始叙述后面发生的事情或情况。如：我们公司昨天出事故的情况大家都知道，后来怎么样了呢？我们来看一下录像吧。

**2. 没错，我也有同感**

承接话题，表示自己和对方的想法一样。后面可以进一步说明自己的想法。如：没错，我也有同感。如果光聪明不努力也不可能成为好学生。

3. 我说，……（称呼），你对这件事是怎么看的呢？

引入话题，让别人就某事阐述自己的看法。如：我说，小李，你对年轻人爱玩游戏是怎么看的呢？

## 一、用正确的语气语调朗读下列句子

1. 这几天怎么老没见你有笑模样？你这个乐天派怎么也变得愁眉苦脸的？
2. 唉，别提了。烦心事多着呢。
3. 前几天回去，看他一个人坐在阳台上发呆，我这心里说不上是个什么滋味。
4. 你想想，让你整天一个人呆着也会闷得慌吧？
5. 我看啊，最好的办法是再给他找个老伴儿，两个人也好互相有个照应。
6. 难道他们就忍心看着老人整天一个人形影相吊的，连个说话的人都没有？
7. 这还是好的，听说还有的因为财产问题一家人闹得鼻子不是鼻子脸不是脸的，何苦呢？
8. 看你说的，我感谢你还来不及呢，怎么会嫌你呢？

## 二、用课文中的词语或句型表达

1. 小王好像是没有烦恼的人一样，可今天一副很严肃的样子。
   提示：乐天派　笑模样

2. 你今天怎么这么没精神？是不是有什么烦恼？
   提示：蔫头耷脑　烦心

3. 孩子都走了，我心里空落落的，老想掉眼泪，感觉不舒服。
   提示：说不上是个什么滋味

4. 放假了，你总让孩子一个人在家呆着也不行，应该想想别的办法。
   提示：总让……（人）……（怎么样）也不是个事儿

5. 结婚后两个人都想改造对方，可几十年形成的东西很难改。
   提示：脾气秉性

6. 我好像没得罪过他，他为什么看见我表情不对劲儿？
   提示：鼻子不是鼻子脸不是脸的

7. 虽然开公司有可能会失败，可是你不能害怕失败就不敢开呀！
   提示：怕呛着就不喝水

## 三、用引入话题或承接话题的表达法完成句子或说说下列情景

1. 我觉得你说的没有道理，没谈过恋爱的人就不懂感情吗？

2. _____，我最近怎么这么倒霉呢？一周前丢了钱包，现在又摔断了腿。

3. 甲：我昨天发现了一个新闻。
   乙：_____？我怎么不知道？

4. 甲：你觉得小明太调皮，其实调皮的孩子教育好了将来更有出息。
   乙：_____，我以前想得有点片面。

5. 甲：现在什么都有污染，我们只好不吃东西了。
   乙：_____，我们的下一代该怎么办呢？

6. _____，你们能不能都发表一下自己的意见？

7. 甲：你将来不会把我也骗了吧？
   乙：_____，我能骗自己的父母也不能骗你呀！

8. 甲：_____，小李，你来介绍一下吧。
   乙：好，那我就说说吧。

9. 甲：这么个好姑娘嫁给个老头子，太可惜了。
   乙：_____，这姑娘肯定是图什么才嫁给他的，那就谈不上可惜了。

四、思考与讨论

1. 谈谈你对黄昏恋的看法。
2. 你觉得老年婚恋遭到子女反对的原因有哪些？
3. 你们国家人们对老年婚恋的看法如何？
4. 你知道"空巢综合症"有哪些表现吗？你觉得怎么才能解决这个问题？

# 第八课

# 休闲：人生多彩之面

## 听力课文
### ◎ 现代人的休闲 ◎

## 词语例释

|  |  |
|---|---|
| 绷 (bēng) | 拉紧。如：<br>最近太紧张，神经绷得太紧了，应该调整一下。 |
| 松弛 (chí) | 不紧张或使不紧张。如：<br>高考结束后，她的神经一下子松弛了下来。 |
| 圆……梦 | 实现……的梦想。如：<br>我第一次站在舞台上表演，心里很激动，因为我终于圆了自己多年的梦。 |
| 古玩 | 古代留下来可供玩赏的器物。如：<br>我很喜欢逛古玩市场。 |
| 何乐而不为 | 用反问的语气表示很愿意做或很应该做。如：<br>既可以锻炼身体，还可以赚钱，这样的活动何乐而不为呢？ |
| 山光水色 | 山的风光水的景色，泛指自然风景。如：<br>这里的山光水色都非常优美。 |
| 绿草如茵 | 绿色的草地厚厚的，好像一层绿色的垫子似的。如：<br>这里绿草如茵，非常适合居住。 |

94

# 第八课  休闲：人生多彩之面

| 倾巢而出 | 全体人员都出动。如：<br>今天晚上是狂欢节，全城的人几乎是倾巢而出。 |
|---|---|
| 打烊 (yàng) | 晚上关门停止营业。如：<br>都12点了，商店早已经打烊了。 |
| 枉 (wǎng) | 白白地。如：<br>如果连恋爱都没谈过一次就死掉，真是枉活了一辈子。 |

## 练 习

### 一、听后判断

1. 人们利用公休假期放松身心。                                （   ）
2. 有的人休假时在家里看电视打发时间。                        （   ）
3. 现在大部分人外出旅游时去比较远的地方。                    （   ）
4. 因为买卖古玩是获得经济利益的好办法，所以很多人假期去搜集古玩。
                                                            （   ）
5. 国外比国内的更清静。                                      （   ）
6. 法国人8月都要外出度假，从而形成大规模的度假潮。            （   ）

### 二、听后选择

1. 下面哪种度假方式不是课文中提到的？（    ）
    A. 打保龄球    B. 爬山    C. 野营    D. 出国旅游

2. 假期装修房子的目的是什么？（    ）
    A. 改造房子              B. 建成星级宾馆
    C. 提高生活水平          D. 改善生活质量

3. 下面哪个不是收购古玩的好处？（    ）
    A. 精神生活得到满足      B. 找到志同道合的朋友共同欣赏
    C. 提高文物鉴赏水平      D. 赚钱

4. 关于巴黎的情况，哪个说法是不正确的？（    ）
    A. 8月来临时各行各业的人都出去度假

95

B. 商店大部分关门
C. 巴黎人酷爱度假
D. 8月的巴黎物价很贵

## 三、听后回答

1. 公休假期的目的是什么？
   提示：绷　松弛　调整

2. 很多人为什么选择外出旅游的方式过假期？
   提示：圆……梦　换来……

3. 为什么有人投资做古玩生意？
   提示：保值　装点门面

4. 为什么很多人喜欢买卖古玩？
   提示：在……的同时又……，还……，何乐而不为

5. 为什么有些人喜欢去国外度假？
   提示：异域风情　清静　调整身心

6. 有钱人希望花钱后得到什么？
   提示：久违　放松

7. 法国人怎么看待度假？
   提示：枉过……

## 四、听后思考

1. 你觉得公司奖励优秀员工外出度假的方式怎么样？有什么好处？
2. 你们国家的休闲方式有哪些？
3. 你们国家有没有带薪休假制度？请你介绍一下并谈谈对这个制度的看法。
4. 休闲对社会、经济、个人各有什么意义？
5. 你觉得哪些休闲方式不值得提倡？哪些是健康的休闲方式？

## 叙述性口语课文
## ◎ 我们的周末生活 ◎

一般普通老百姓的周末干什么呢?我们来听听他们自己是怎么说的。

### 1. 吃吃玩玩又一周

孔平,女,35岁,公务员

我们这些平民老百姓,周末玩不出什么花样,也就是出去吃吃饭,换换口味;偶尔和朋友们去唱唱卡拉OK什么的。要不就是陪孩子去吃肯德基、麦当劳。我们都是工薪阶层,消费主要以经济实惠为主,总不能为了过几个周末就勒紧腰带过日子吧?要是我们两口子都没什么事,也可能去市场买回新鲜的鱼、虾、肉、蔬菜,自己动手,丰衣足食。我先生的厨艺不错,在朋友圈儿里挺有名的,有时也会有朋友周末非得在我家尝尝我们的手艺,我们就只好大显身手忙活一下。当然这样的次数不多,现在大家都挺自觉的,忙了一周,都想放松一下,已所不欲,勿施于人嘛,所以这串门一类的活动大多都取消了。

### 2. 寻找"驴友"①一起玩

黎明,28岁,公司职员

我现在还是单身贵族,一个人吃饱了全家不饿,有大把的时间和钱可以自由支配。所以一到周末我就想跑出去放放风。现在网上有很多自助游的帖子,几个人一凑合背起包就直奔周边的风景点。我们这些驴友玩得真的挺开心的,要么在野外搭帐篷野营,要么开车去郊区兜风,有时也找个鱼塘钓鱼,无拘无束,自由自在,弄得周一都不想去上班了。以后得小心点,否则真得了"星期一病"可就麻烦了。

### 3. 围着孩子转

明君,36岁,职员

像我们这个年龄的人差不多没有自己的周末,一切都围着孩子转。我女儿今年7岁,上小学二年级,周末要去钢琴老师家学钢琴,去少年宫学画画,还

---

① 驴友:喜欢自助游的人互称"驴友",是比较流行的说法。

要参加一个英语班。说实话，孩子累，家长也累，整天跟着孩子跑到这儿跑到那儿，孩子在里面学习，家长夏天在外挨晒，冬天在外挨冻。可不这样又能如何？现在提倡素质教育，要求孩子全面发展，这琴棋书画的不是都得拿得起放得下吗？外语就更不用说了。好不容易孩子学完了，小家伙一肚子委屈，又得带她去游乐场，要不就去必胜客，反正得犒劳犒劳她。这一圈转下来，双休日就过去了，又得打起精神去上班了。唉，周末真是比上班还辛苦啊！

### 4. 跳出老年的精彩
岳琴，65岁，退休教师

我和老伴儿现在退休了。老两口平时没什么大事，闲着也是闲着，就帮儿子照看照看孩子。到了周末，儿子媳妇说是要让我们解放解放，吃完晚饭就把孩子接回自己的小家去了。我和老头子也乐得过个轻松的周末。老伴爱京剧，是个不错的票友，他周末和一帮人又拉又唱的，乐和得很。我和一帮老太太去跳舞，什么大秧歌、扇子舞、剑舞都跳。开始时手脚不灵活，现在越跳越带劲儿，越跳越精神，两天跳下来，又锻炼了身体，还充实了生活。这样的老年生活真是越活越精彩了。

### 5. 和男朋友黏在一起
刘玲，女，23岁，小学老师

我周末干什么？当然是和男朋友在一起啊。我这个孩子王一周五天忙得天昏地暗的，和我男朋友没什么见面的时间，所以我把周末大部分时间都留给他了。你问我们在一起干什么？那不一定，有时出去玩，有时去逛街，也不为买什么，只是走走看看，有时看场电影，或者逛逛书店、音像店，也可能去唱歌、跳舞，或者干脆哪儿也不去，在他家或我家里听音乐、看书、聊天，一起做饭。反正干什么不重要，只要两个人在一起享受这种亲亲热热、甜甜蜜蜜的感觉就可以了。两天时间过得太快，常常还没热乎够就又得上班了。要是一周休息三天该多好啊！

### 6. 在题海里拼搏
李明，男，17岁，高中生

我们哪有什么周末啊。从上高中开始，周六就不休了，只剩下周日一天，可老师生怕我们闲着，比赛似的给我们留作业。每个老师都说自己的作业并不多，可加起来就变成题海了。我们一回家就埋头苦干，快了还可以抽点时间看会儿电视什么的，慢了就只好直奔亲爱的床了。真是苦海无边啊！现在恨不得马上高考，然后好好享受一下正常人的周末生活。

### 7. 我们是赚钱的机器
*王刚，男，39岁，某公司业务经理*

我们这家公司挺红火的，一年的盈利上千万，别人羡慕死我们了，可谁知道我们这些干活的有多辛苦。老板周末在公司呆着，那我们也走不了啊，我们也得好好表现表现，否则饭碗还要不要了？我这一年能休息的日子数得过来，老婆虽然能理解，可孩子不干了，整天说我不关心他，别人的爸爸都陪着去公园、游乐场，为什么自己的爸爸从来没时间？肯定都是装的，不想带自己出去玩呗。你说我冤不冤，我比那窦娥还冤啊！所以这人啊，混到我这一步，在别人眼里还挺风光的，可说白了只是老板赚钱的机器而已，哪赶得上人家普通工人农民整天老婆孩子热炕头的。我真想过过以前那种轻松自在的日子啊。

## 词语例释

| | |
|---|---|
| 勒紧腰带 | 勒：系紧。比喻节省吃穿以渡过生活艰难的阶段。<br>这个月为过节花了不少钱，看来下个月要勒紧腰带过日子了。 |
| 大显身手 | 充分显示自己的本领。如：<br>这次运动会我可以大显身手了。 |
| 己所不欲，勿施于人 | 自己不想做的事不要强加给别人。如：<br>你自己都不愿意做的事怎么能逼孩子做呢？你不知道己所不欲，勿施于人吗？ |
| 放风 | 原指监狱里定时放坐牢的人到院子里散步。这里比喻脱离工作生活的束缚出去放松身心。如：<br>走吧，下班了，我们出去放放风吧。 |
| 自助游 | 不跟旅行团的旅游。如：<br>现在很多人喜欢自助游。 |

| 犒(kào)劳 | 用饮食等慰劳。如：<br>你今天太累了，做点好吃的犒劳犒劳你。 |
| --- | --- |
| 乐 得 | 某种安排或情况符合自己的心意因此顺其自然地接受。如：<br>他让我出去，我正好乐得休息一下，就高高兴兴地出去了。 |
| 乐和(he) | 快乐，高兴。如：<br>今天晚上我们去唱歌乐和乐和。 |
| 热 乎 | 亲热。也作热和(huo)。如：<br>俩人一见面就热乎得不得了。 |
| 苦海无边 | 比喻很苦的处境没有尽头。如：<br>三年初中加上三年高中，什么时候才能毕业呢？天天这么学习，真是苦海无边啊！ |
| 风光(guang) | 热闹体面。如：<br>不要羡慕表面的风光，要看他是不是真正的幸福。 |

## 练习

### 一、用课文中的词语表达

1. 这家饭店的饭菜不贵，菜量大，也比较好吃。
   提示：经济实惠

2. 我会画画儿，办宣传栏的时候我可以好好发挥我的才能了。
   提示：大显身手

3. 领导让我去上海出差，我也正好想去看看上海的夜景，就很愉快地去了。
   提示：乐得

4. 他们虽没有很多钱，但在一起每天都很开心。
   提示：乐和

6. 我刚刚和丈夫团聚了一周就得回去了。
   提示：热乎

## 二、用课文中的句型表达

1. 勒紧腰带过日子
   例句：现在我们家经济紧张，我们都得勒紧腰带过日子。
   （1）我们下个月要贷款买房子，从下个月开始不能随便花钱。

   （2）现在的孩子从来不知道算计着过日子的滋味儿。

2. 自己动手，丰衣足食
   例句：放假期间食堂不营业，我们只好自己动手，丰衣足食了。
   （1）出去野营的时候大家自己做饭吃。

   （2）下星期爸爸妈妈都要出差，我必须得自己解决吃饭问题了。

3. 一个人吃饱了全家不饿
   例句：我现在一个人吃饱了全家不饿，我觉得很自由。
   甲：你不想找个女朋友吗？
   乙：我觉得一个人的日子虽然寂寞但是没有约束。

4. 要么……，要么……，有时也……
   例句：我星期天要么睡懒觉，要么打扫卫生，有时也出去看场电影什么的。
   甲：你回国以后都干了什么？
   乙：我要么_____，要么_____，有时也_____。

5. 我也不想……，可不这样又能如何？
   例句：我也不想整天这么累地生活，可不这样又能如何？我总不能回家当全职太太吧？
   （1）我也不想天天学习，可是没有办法。

(2) 我也不想天天做家务，可是我不做没人做。

6. 闲着也是闲着

例句：没事，累不着，闲着也是闲着，我喜欢干点家务。

甲：妈妈，你别洗衣服了，休息一会儿吧。

乙：_____，我很快就干完了。

7. 说白了

例如：他和你结婚说白了是因为你父亲的地位。

(1) 你其实并不喜欢我，而是喜欢我的钱。

(2) 他能当领导不是因为有能力，只是因为他的家庭背景。

### 三、思考与采访

1. 请说出三种你熟悉的过周末的方式。
2. 你觉得周末怎么过比较理想？
3. 为什么很多人会有"星期一病"？怎么预防？
4. 采访一个人，了解一下他的周末是怎么过的。

## 对话性口语课文

### ◎ 黄金周的选择 ◎

范思思：李姐，十一黄金周打算好去哪儿了吗？

李　蒙：这几天我也在思量这个事儿，现在还举棋不定呢。

范思思：这可不像你啊，你平时做事雷厉风行的，从不拖泥带水。

李　蒙：你不知道，一家人出去不像我自己，想怎么走就怎么走，老的有自己的想法，小的也有自己的主意，我们这些中间的只好两头为难了。

范思思：你们家这次又是全家出动啊？真难为你这个儿媳妇了。要不交给你家老公来决定得了，省得浪费这么多脑细胞。

李　蒙：我们家那位在家是油瓶子倒了都不扶的人，指望他那就呆在家里哪儿都别去了。对了，小范，你有什么旅游信息，说来参考参考？
范思思：这阵子自驾游挺火的，你们家不是有车吗？干脆跟着自驾团队自己走好了，多潇洒啊！
李　蒙：不行，我们有老人，还得跟旅行社，这样方便一点，否则样样都得自己操心。现在有什么新景点没有？
范思思：那天看电视看到湖南那边有个少数民族居住地，山清水秀，完全没有污染，人也特少，肯定没有黄金周人挤人、人看人的烦恼，是个好地方。
李　蒙：可是离我们这儿太远，老头老太太折腾去了还不散架了？近点儿的有没有？
范思思：我挺想去山西看看民居，这几年祁家大院什么的挺有名的。要不搭伴儿一起走？
李　蒙：其实我也想去看看人文景观，可是孩子太小，还欣赏不了这种历史性的东西。等过几年再说吧。
范思思：那你可真是麻烦了，这也不行，那也不行，还有多少可选择的余地？
李　蒙：要不我怎么一到黄金周就头疼呢？你说不去吧，呆在家里憋得慌；去吧，又众口难调，真是想想就头大。
范思思：要不你出钱，让父母参加老年团，这样一帮老人一起玩得也比较开心，行程安排也根据老人的身体条件来确定，然后你们就可以随意决定自己的去向了。
李　蒙：你这个鬼丫头，脑子转得可真快，我怎么就没想到呢。也许是个办法，回头跟他们商量商量。
范思思：要是你们自驾游的话我也参加啊，算是对我出了好点子的奖励，怎么样？
李　蒙：你看，我就知道有些人无利不早起，原来说来说去都是为自己打算的。要去也行，到时候孩子归你带，我们可以过过二人世界。
范思思：看吧，我再聪明也聪明不过你。可是我还真喜欢你们家妞妞，带就带，成交！
李　蒙：我回家告诉妞妞，她非乐疯了不可。好，我今天晚上就开始我的游说行动！
范思思：我等着你的好消息。记着，只许成功，不许失败啊！

## 词语例释

|  |  |
|---|---|
| 举棋不定 | 比喻做事犹豫不决。如：<br>你怎么做事总是举棋不定的？ |
| 雷厉风行 | 像雷一样猛烈，像风一样快，比喻做事情非常迅速。如：<br>他原来当过兵，所以做事雷厉风行的。 |
| 拖泥带水 | 比喻说话办事或写文章不干脆，拖拖拉拉的。如：<br>你这人不是个拖泥带水的人，怎么这次这么不痛快呢？ |
| 自驾游 | 自己开车旅游。如：<br>自从有了车，我就喜欢上了自驾游。 |
| 山清水秀 | 形容山水风景优美。如：<br>这里山清水秀，让人心情舒畅。 |
| 散架 | 完整的东西散开。如：<br>累了一天，我全身的骨头好像散架了一样。 |
| 搭伴儿 | 顺便做伴。如：<br>我们搭伴儿一起去市里买东西吧？ |
| 众口难调(tiáo) | 大家的口味很难调和到一起。形容很难满足所有人的要求。如：<br>你要吃西餐，他要吃中餐，还有人要吃韩餐，真是众口难调啊！ |
| 无利不早起 | 如果没有好处就不会早起。形容某人积极地做某事一定是为了得到某种好处。如：<br>你拼命劝我参加这次活动，原来是你可以得到好处，真是无利不早起啊！ |
| 游说(shuì) | 凭口才说服别人采纳自己的意见。如：<br>你帮我游说一下父母，让他们同意我去国外读书。 |

**表达拓展**　"犹豫"的表达法

课文中有很多"犹豫"的表达法,如:

1. 举棋不定

考虑来考虑去不知道怎么办才好。如:换不换工作我真是举棋不定啊。

2. ……(人)拖泥带水的

表示某人是那种做事犹豫、不干脆的性格。如:这件事才让我看清楚了你果然是个拖泥带水的人。

3. 两头为难

两方面都不愿得罪,所以不知道怎么办才好。如:一把手说让我三天之内办完,二把手却说一定不要着急,慢慢做,我真是两头为难。

4. A 吧,……不 A 吧,……

左右为难,非常犹豫,难以决定。如:告诉她吧,怕她会受不了;不告诉她吧,又觉得对不起她,真不知道怎么办才好。

除此之外,还有一些"犹豫"的表达法,如:

1. 左思右想也决定不下来

反复考虑,犹豫不定。如:该不该接受他的礼物,我左思右想也决定不下来。

2. 前怕狼后怕虎

胆小,犹豫。如:我总是前怕狼后怕虎的,所以总是拿不定主意做不做这件事。

## 一、用正确的语气语调朗读下列句子

1. 这可不像你啊,你平时做事雷厉风行的,从不拖泥带水。
2. 你们家这次又是全家出动啊?真难为你这个儿媳妇了。
3. 我们家那位在家是油瓶子倒了都不扶的人,指望他那就呆在家里哪儿都别去了。
4. 你们家不是有车吗?干脆跟着自驾团队自己走好了,多潇洒啊!
5. 不行,我们有老人,还得跟旅行社,这样方便一点,否则样样都得自己操心。

6. 可是离我们这儿太远，老头老太太折腾去了还不散架了？近点儿的有没有？

7. 要不我怎么一到黄金周就头疼呢？你说不去吧，呆在家里憋得慌；去吧，又众口难调，真是想想就头大。

8. 我等着你的好消息。记着，只许成功，不许失败啊！

## 二、用课文中的用法表达

1. 领导有自己的想法，下级也有自己的想法，我们这些中间的最难受。
   提示：……的（怎么样），……的（怎么样），我们中间的只好……

2. 你干脆别管他的事了，你管了他还说你多管闲事。
   提示：要不……得了，省得……

3. 我的朋友很懒，在家里什么都不干。
   提示：油瓶子倒了都不扶

4. 你看了这么多件衣服都不满意，那还怎么选择呢？
   提示：这也不行，那也不行

5. 这次的比赛我们必须成功！
   提示：只许成功，不许失败

## 三、用"犹豫"的表达法完成句子或说说下列情景

1. 你说这两家公司哪个更好呢？我现在真是 _____。

2. 你别犹豫了，我不喜欢 _____ 的。

3. 如果你总是这样 _____ 的，你肯定什么机会也抓不住。

4. 如果我上大学父母太辛苦，如果不上又没有前途，我不知道怎么办好。

5. 他给我的最后期限就要到了，可我还拿不定主意。

6. 公公让我早点回去，婆婆却说多留几天，我不知道该听谁的。

## 四、思考和采访

1. 你觉得跟旅行社旅游的利和弊各是什么?
2. 如果你要外出旅游,会选择什么方式?为什么?
3. 请模仿旅行社宣传材料的口气介绍一下该旅行社的欧洲游项目。
4. 采访一个人,了解一下她外出旅游的情况。

# 回顾与复习二

## 一、听一听

（一）

1. 下面哪个不是说话人丈夫的观点？
   A. 男人应该以事业为重　　　　　B. 男人不要总是照顾女人
   C. 女人最大的贡献是照顾家　　　D. 孩子应该使家族得到荣耀

2. 下面哪个不是说话人的想法？
   A. 女人不应该依附男人生存　　　B. 教育孩子应该讲究方式方法
   C. 老人应该有自己的生活空间　　D. 等父母老了再照顾他们也不晚

3. 说话人的烦恼主要有几方面？
   A. 两方面　　　B. 三方面　　　C. 四方面　　　D. 五方面

4. 下面哪个不是说话人的情况？
   A. 聪明而又有能力　　　　　　　B. 不甘心只做太太
   C. 别人觉得她傍大款　　　　　　D. 做饭时很难照顾到全家人的口味

5. 关于整个对话，哪个说法是不正确的？
   A. 说话人有不少自己的烦恼
   B. 说话人的父母及公公婆婆都喜欢清静的生活
   C. 丈夫对父母不孝顺，总是不高兴
   D. 孩子和父亲的感情比较淡

(二)

1. 下面哪个说法不是男的父母的想法？
   A. 趁着身体好多出去旅游  B. 省下钱没用，不如出去旅游
   C. 自助游更能使人放松    D. 应该多去山水秀丽的地方旅游

2. 下面哪个不是男的对老人出去旅游的正确看法？
   A. 旅游可以使父母身心健康愉快
   B. 他们到处不停地跑，跑得太累
   C. 他们的生活令人羡慕
   D. 说话人很想过这样的老年生活

3. 对话双方对自己的老年生活是怎么想的？
   A. 他们想一起出去旅游
   B. 他们觉得白过了一辈子
   C. 他们觉得老了以后可以发挥余热
   D. 他们希望提高驾驶技术后可以自助游

4. 关于两个人的关系，哪个说法是最恰当的？
   A. 他们是搭档         B. 他们是同学
   C. 他们是谈得来的邻居  D. 他们是合伙人

## 二、想一想

1. 第五课到第八课有一些表示思想或社会现象的词语。其中有些是比较积极的，有些是比较消极的。请同学们提前复习一遍词语，然后分两组，一组说积极的词语，一组说消极的词语，比比哪一组说得多。

| 第一组（积极） | 第二组（消极） |
| --- | --- |
| 知足常乐<br>尽职尽责<br>己所不欲，勿施于人<br>…… | 男尊女卑<br>脑体倒挂<br>女子无才便是德<br>…… |

2. 第五课到第八课中还有很多表示人的行为的词语，和第一题相同，请一组同学说出褒义词语，一组说出贬义词语。

| 第一组 | 第二组 |
|---|---|
| 奉献<br>营造<br>乐和<br>…… | 嬉皮笑脸<br>耍嘴皮子<br>忽悠<br>…… |

## 三、填一填

1. 选用下列词语填空：

| 分量 | 决策 | 掂量 | 包袱 | 刮目相看 | 超负荷 | 找碴儿 | 搭腔 |
|---|---|---|---|---|---|---|---|
| 受罪 | 要害 | 记仇 | 大惊小怪 | 捅破窗户纸 | 切磋 | 取经 | 通气 |
| 各取所需 | 后盾 | 乐天派 | 烦心 | | 犒劳 | | |

今天晚上我们家要搞一个自助派对，请大家都来参加，到时候大家可以 _____ ，一饱口福。怎么，我不能搞派对吗？别这么 _____ 的，我是看最近大家的 _____ 事比较多，想 _____ 一下大家，让大家放松一下。你们觉得我是女强人，不会这么细心周到？哼，太小看我了，今天我一定让你们对我 _____ 。我平时总是 _____ 地工作，家务对我来说就像一个巨大的 _____ 一样，可现在我突然明白了，家庭是一个人的 _____ ，一个女人没有家庭的支持，事业也很难成功。从现在起我要改变自己。以前我是工作狂，让大家跟着我 _____ 了，你们可以 _____ 跟我吵架，但不许 _____ 。咱们上下级的关系原来有点紧张，没关系，今天我就 _____ ，都说出来吧。以后我想改变自己的做法，说话前多 _____ 一下，尽量不伤害大家的感情。你们也得配合我，在公司 _____ 的时候提前准备，增加说话的 _____ ，这样我们可以有经验互相 _____ ，有情况早点 _____ ，我保证这样可以形成新型的上下级关系。在这方面我很乐观，因为我本来就是 _____ 嘛。好了，现在谁不想参加今晚派对请举手！没有，哈哈，那就是都去了！咱们晚上见！

2. 选用下列句型填空：

| (1) 一个模子里出来的 | (2) 都什么年代了 | (3) 顾了这头顾不了那头 |
|---|---|---|
| (4) 不知者不怪 | (5) 把火气压了下去 | (6) 总比以后……后悔强 |
| (7) 不到万不得已不要…… | (8) 这下好了 | |
| (9) 一来呢，……,二来呢，…… | (10) 过一天算一天 | |

今年我刚开始当老师。开始，总犯各种各样的小毛病。可我们校长很好，他说＿＿＿＿＿＿，以后慢慢就知道该怎么做了。我是个工作很有热情的人，不像有些人似的＿＿＿＿＿＿，而是争取每一天都有收获。现在这学生可真难管，不是这个摔断了腿，就是那个打破了头，有时真是＿＿＿＿＿＿。这样的时候，我也很想发脾气，但每次都尽量＿＿＿＿＿＿，因为我知道，现在我是老师了，＿＿＿＿＿＿，否则就会有家长不满意。有时我也很纳闷儿，＿＿＿＿＿＿，怎么还有些家长思想这么落后呢？在教育孩子的问题上，我觉得宁可严厉一点＿＿＿＿＿＿。可父母不这么想，他们觉得只有一个孩子，舍不得批评，可如果将来变坏了怎么办？有时觉得孩子就是家长的一面镜子，孩子和大人好像是＿＿＿＿＿＿，真难改变。这样干了一个学期，我觉得很累，很想出去放松一下。现在终于放暑假了，＿＿＿＿＿＿，我可以去北京了。我想去北京，＿＿＿＿＿＿，想爬爬长城，让自己当一次好汉；＿＿＿＿＿＿，想收集一些资料，好为下学期的工作做准备。怎么样？我是不是一个好老师？

## 四、练一练

用"夸奖""犹豫""抱怨"或引入承接话题的表达法完成句子：

甲：你老公对你又体贴又周到，真是＿＿＿＿＿＿＿＿＿＿。

乙：你那位也是＿＿＿＿＿＿＿＿的好丈夫啊。

甲：别提我那位了。人家不知道底细的都觉得他好，其实在家里油瓶子倒了都不扶。连我生病了他都不管，＿＿＿＿＿＿＿＿，怎么遇上了这样的丈夫。

乙：他可能是工作太忙了吧。

甲：工作工作，除了工作＿＿＿＿＿＿？＿＿＿＿＿＿,还不如没有清净呢。

乙：＿＿＿＿＿＿，你以为一个人过日子容易吗？你没看见有那么多离了婚又复婚的人？

甲：＿＿＿＿＿＿，我怎么就没想到呢？光顾着生气了。＿＿＿＿＿＿，两个人互不关心的怎么解决呢？

乙：那就要看你想不想关心他了。人心都是肉长的，如果你一直关心他，他不会没反应的。

甲：_____，我得向你学习，你看你家多和睦幸福。女儿_____，丈夫也是_____，你的命可真好啊。

乙：_____，我没觉得和别人有什么不同，大家的日子都差不多。_____，你家老人和你们一起住吗？

甲：没有啊，怎么了？

乙：最近我一直_____，希望照顾老人，但又不想打破现在的宁静。现在正在想应该合住呢还是在附近另买一套房子。_____，肯定不方便，_____，钱又不够。所以这些天我_____。想做个好人真难啊。

甲：_____，本来我们不是_____的人，因为考虑多了所以总是_____。你和丈夫好好商量一下怎么办吧。这种事还得你们自己拿主意。

乙：唉，难啊！

## 五、编一编

用下列说法中的几个编一段短文或者对话：

| | | | |
|---|---|---|---|
| 一口一个 | 怕呛着就不喝水 | 勒紧腰带过日子 | 给眼睛过生日 |
| 说白了 | 自己动手丰衣足食 | 无利不早起 | 圆……梦 |

**参考情景**：妻子周末想去逛商店，可是怕丈夫不同意就对丈夫特别热情，丈夫觉得他们现在经济条件不好，应该节约点，妻子说只是看看，不买也行。

## 六、说一说

1. 你觉得男性的休闲生活和女性的有什么不同？请具体说明。

2. 采访一位老人，问问他老年生活的苦与乐。

3. 现在提倡一种"亲子游戏"，你查找一下有关资料，说明一下亲子游戏的好处。

4. 如果你是男人，工作很忙，但还想照顾好妻子、孩子和老人，你可以怎么办？

# 第九课

## 假冒伪劣——我该拿你怎么办？

### 听力课文
### ◎老白买东西◎

### 词语例释

| 调 (diào) 包 | 暗中用假的东西换掉真的或用坏的换掉好的。如：<br>我的行李箱被人调包了，笔记本电脑、钱都没有了。 |

| 一溜 (liù) 儿 | 一排，一行。如：<br>学校门口有一溜儿小商店。 |

| 包圆儿 | 全部买下。如：<br>这些苹果我都包圆了，给我优惠点儿吧。 |

| 聪明反被聪明误 | 聪明人反而被他的聪明害了。形容聪明过头会带来不好的结果。如：<br>我想占点便宜，没想到聪明反被聪明误，不但没沾光，还倒了大霉。 |

| 秀才遇见兵，<br>有理讲不清 | 原意是读书人遇到当兵的讲不清道理，形容对方没有文化或不讲理，没办法跟他讲道理。如：<br>你和一个二流子讲什么道理，这不是秀才遇见兵，有理讲不清吗？ |

| 吃一堑 (qiàn)<br>长一智 | 吃一次亏就变得更聪明一些。如：<br>这次上当了没什么，吃一堑长一智嘛，下次就不会上当了。 |

| 吆喝(yāohe) | 大声喊叫（多指叫卖东西、招唤等）。如：他在市场里大声吆喝："快来买啊，新上市的玉米啊！" |

| 斩(zhǎn)钉截铁 | 形容说话办事坚决果断，毫不犹豫。如：有人给我送礼，我斩钉截铁地拒绝了。 |

| 二话不说 | 不说别的话、别的意见（就做某事）。如：他听了介绍，二话不说就买了一台治疗仪。 |

## 练习

### 一、听后判断

1. 老白不够聪明所以经常上当。（　　）
2. 老白买葡萄连续上了三次当。（　　）
3. 老白因为图便宜买了质量明显不好的芹菜。（　　）
4. 老白要买的是正宗的草鸡。（　　）
5. 第一家卖鸡的不讲道理，把鸡以很贵的价格卖给了老白。（　　）
6. 老白越来越不会买东西了。（　　）

### 二、听后选择

1. 老白第二次为什么没找到卖葡萄的小贩？（　　）
   A. 小贩已经走了　　　　　　B. 小贩长相差不多
   C. 小贩藏起来了　　　　　　D. 老白只顾看葡萄，没看小贩的长相

2. 下面哪个不是老白买芹菜的情况？（　　）
   A. 芹菜数量很多，吃不完　　B. 芹菜泡过水，容易烂掉
   C. 老白买下了摊主所有的芹菜　D. 芹菜放了很长时间

3. 下面关于老白买鸡哪个说法是不对的？（　　）
   A. 每一个鸡贩都说自己的鸡很正宗
   B. 第一个鸡贩因为要回家所以卖得很便宜
   C. 第一个鸡贩没有赔给老白一百只鸡

D. 老白宁愿买贵的也要买正宗的草鸡

4. 关于老白，哪个说法是不正确的？（　　）
   A. 是个精明的人　　　　　B. 是个常分担家务的人
   C. 是个不讲理的人　　　　D. 是个经常吃亏的人

## 三、听后回答

1. 老白第一次买回的葡萄为什么烂了？
   提示：调包

2. 老白回去的时候为什么认不出小贩？
   提示：一溜儿　只顾……，没顾上……

3. 老白第二次买的葡萄不好的原因是什么？
   提示：光记着……

4. 老白买回的芹菜为什么又扔掉了？
   提示：泡水　放不住

5. 第一个鸡贩怎么保证自己的鸡是正宗的？
   提示：连鸡带汤　赔

6. 第一只鸡的味道怎么样？
   提示：木头

7. 鸡贩后来承认自己的鸡不好吗？
   提示：甲鱼

8. 遇到这样的人老白有什么样的感觉？
   提示：秀才　理

9. 第二个鸡贩给老白便宜一点的价格吗？
   提示：斩钉截铁

10. 老白听了鸡贩的话怎么决定的？
    提示：二话不说

## 叙述性口语课文
## ◎ 打假还需加把火 ◎

**秦玲，华东师范大学经济系副教授**

现在什么都有假的，假数字、假学位、假学校什么的都有了。假冒的东西已经危及了消费者的生命，对国家利益也造成了破坏。有些工程使用伪劣产品，造成"豆腐渣"工程，人民对此十分气愤。如果这样下去，我们国家的经济就会受到破坏，因此现在到了应该严厉打假的时候了。

**黄建刚，上海市工商局经检处主任**

这些年假冒产品很普遍，生活用品、饮料、名牌轻工产品都有假的。上海就有很多轻工名牌被外地仿冒。近年高精尖产品制假最多的是广东，低档产品制假最多的是江浙两省。市场上假烟到处都是，有的地方开设了大规模的假烟市场。假烟又死不了人，价钱还卖得比真货便宜，所以屡禁不止。

假冒红塔山的特别多。有人说市场上的红塔山有一半是假的。香烟的好坏主要凭口感，口感好坏主要看烟叶的质量和加工工艺。云南出产的烟叶比其他地方的好，而玉溪的烟叶在云南又是最好的，所以玉溪卷烟厂的烟被假冒的就多。上海的香烟主要是制作工艺好，同样的烟叶上海生产出来口感就好，因此也有假冒的，特别是红双喜、中华。所以市场上的假烟主要是云南烟和上海烟。

假冒伪劣现在真是不得了，有很多人竟然靠假冒伪劣产品起家，让人哭笑不得。

**王毅志，上海社科院经济研究所研究员**

假冒伪劣对中国造成的危害事实上是很难估计的。现在世界市场的发展空间越来越小，世界大部分贸易都掌握在发达国家手中，发展中国家要挤进去本来就很困难。俄罗斯是个很大的市场，因此当俄罗斯从封闭走向开放时，很多国家都很重视，要争着打入这个市场，他们都是把国内最好的产品运到俄罗斯参与市场竞争。这个时期对中国来说是个很好的契机。因为俄罗斯人对中国还是比较友好的，五六十年代的中国留学生给俄罗斯人留下的是勤奋、诚实的印象。而现在中国的假冒伪劣产品充斥着俄罗斯市场，中国产品给他们的印象就是那种"地摊货"。这些年中俄边贸实际上只使中国的个体户发了财，国家不但没得到好处，反而把名声搞坏了。这是很令人痛心的失误。现在中国商人在俄罗斯名声很差，形象一坏，以后要想再打入这个市场就更困难了，实在可惜。

**赵方方，上海市工商局商标处研究员**

我认为打假难和地方保护主义有很大的关系。有些乡镇企业公开制假，但当地政府的财政收入相当部分从此而来。当地政府认为保护这些企业就是支持乡镇经济的发展。这样，经济的个体化突出了，但影响了整体利益的发展。更有甚者，执法人员前去调查时竟遭到当地人的围攻，当地执法部门也不出面，去的人被打伤了好几个，这个案子被拖了两年多，最后不了了之。

**黄建刚，上海市工商局经检处主任**

当前假冒伪劣有这样几个新的特点：一是过去只是一些中小企业搞，现在大企业也有搞的。二是手法多样化，如一般不假冒商标，而是假冒装潢和包装。三是过去大多假冒中低档产品，现在有向高精尖发展的趋势，如计算机软盘等高科技产品也有假冒的。四是产、运、销一条龙服务。以前造假的只管造，造完后再寻找买主，现在，造假的、运输的、销售假货的已经勾结起来了，形成了造假的团伙。这种情况更加严重。

**傅鼎生，华东政法大学法律系副教授**

从法律的角度讲，假冒伪劣产品屡禁不止反映了我国法律的不健全，表现为立法不严，执法不力。特别是乡镇企业，今天勒令停业，明天又重新注册一家；今天这里打假，明天它又在别的地方冒出来。

假冒行为侵害的对象有好几个，它既损害了消费者利益，又危害被假冒企业，并且扰乱市场，破坏国家的经济秩序，所以应该加大处罚力度。要赔、罚、打并举。打要打得疼，罚要罚得他倾家荡产，只有这样才能保护消费者利益，维护交易安全，使竞争处于公平状态，而现在造假却是获利很大风险很小。比如给人家企业造成了几百万的损失，但除赔礼道歉外，赔偿一百万，罚款 10 万，这样的结果给人的感觉好像是造假无所谓。所以加大打击的力度，才是假冒行为永远不会出现的根本办法。

## 词语例释

| | |
|---|---|
| 豆腐渣（zhā）工程 | 质量不好，很容易出事故的工程。如：<br>一座大桥说倒就倒了，这不是豆腐渣工程吗？ |
| 屡禁不止 | 屡：多次。多次禁止也禁止不了。如：<br>考试作弊的现象屡禁不止。 |
| 起家 | 创立事业。如：<br>我是靠卖海产品起家的。 |
| 充斥 | 充满、塞满（含厌恶的意味）。如：<br>现在不健康的思想充斥着某些人的大脑。 |
| 地方保护主义 | 只顾本地利益，即使出了问题也加以保护的错误思想。如：<br>地方保护主义使假冒伪劣情况更加严重。 |
| 不了（liǎo）了之 | 该办的事没有办完，放在一边不管就算完事了。如：<br>我们投诉的事你们为什么不处理？怎么能不了了之呢？ |
| 一条龙服务 | 一条龙，表示生产程序或工作环节上的紧密联系和配合。一条龙服务，指联系在一起的一系列服务。如：<br>现在的工厂大多实行从生产到销售再到售后服务的一条龙服务。 |
| 勾结 | 为了不正当的活动暗中互相结合。如：<br>这帮家伙互相勾结起来骗人。 |
| 勒（lè）令 | 用命令的方式强迫别人做某事。如：<br>应该勒令卖假货的商店关门。 |
| 倾家荡产 | 全部家产都丧失了。如：<br>这次生意他赔得倾家荡产。 |

## 一、用课文中的词语表达

1. 昨天，一座刚建好的大桥倒了，很多人都讽刺工程的质量实在太差了。
   提示：豆腐渣工程

2. 我昨天用很便宜的价格买了一台电风扇，本来很得意，结果朋友们都说一看就知道是低档商品。
   提示：地摊货

3. 上次我反映的情况怎么一拖再拖？你们是不是想拖到最后就完了？
   提示：不了了之

4. 我们宾馆里可以吃饭，可以住宿，可以娱乐，服务很齐全。
   提示：一条龙服务

5. 昨天这里整顿了音像市场，卖盗版的都走了，今天却突然又都出来了。
   提示：冒出来

## 二、用课文中的句型表达

1. ……（N）一坏，以后要想……就……
   例句：形象一坏，以后再想打入这个市场就难了。
   （1）你要注意身体，如果身体坏了就不能干事业了。

   （2）人应该爱惜自己的名誉，否则你让别人信任你也不可能。

2. ……，更有甚者，……
   例句：坏人偷东西的时候很多人都在旁边看着，更有甚者，有的人竟大声叫好。
   （1）上课的时候有人吃东西，还有的竟然打电话。

(2) 这里的人素质太差，有的人随便扔垃圾，还有的人随地大小便。

3. 既……，又……，并且……，因此……

例句：有些企业既不抓质量，又不管服务，并且价格贵得出奇，因此肯定会被市场竞争所淘汰。

(1) 那个姑娘不漂亮、不温柔、不会做家务，谁会和她结婚呢？

(2) 这家宾馆房间小、没有空调、服务员的态度也不好，客人越来越少。

## 三、思考与讨论

1. 你们国家有没有假冒伪劣的情况？以前和现在有什么变化？
2. 你们国家在打击假冒伪劣产品的过程中有什么政策？
3. 请讲一个你了解的假冒伪劣产品的例子。
4. 请你说一下假冒行为对社会的危害。
5. 你怎么看待地方保护主义？如果你是一个市长，你会怎么做？
6. "信誉"和"效益"哪个更重要？为什么？（参考词语：一勺子坏一锅）
7. 如果由你来制定打假的法律，你会怎么规定？
8. 你觉得新闻媒体在打假中应该起什么作用？（参考词语：舆论 曝光 导向）

### 对话性口语课文

## ◎ 我该怎么办？◎

王 先 生：喂，你好！是3.15热线吗？
工作人员：是的。请问有什么需要我们帮助的？
王 先 生：我想向你们投诉。
工作人员：您请讲。
王 先 生：昨天我在宏祥商场买了一个电动剃须刀，回家后怎么都启动不了。我去找他们退货，他们说商品售出，概不退换，哪有这样的理儿！
工作人员：您找过他们经理吗？
王 先 生：找过，经理说这个柜台是出租柜台，他们不负责柜台的经营和管理，让我自己和卖方交涉。可卖方不但不承认是自己的问题，反而一口咬定是我回家后操作失误造成了故障，而且态度特别恶劣，真是快把我的肺气炸了！

工作人员：那你买的剃须刀有保修证吗？是什么地方生产的？

王 先 生：我买的时候他们吹得天花乱坠的，而且口口声声说他们实行"三包"我也就相信了，没仔细看，回家才发现是个"三无"产品。那现在我应该怎么办呢？

工作人员：他们卖三无产品本身就有问题。我们跟消费者协会联系一下，你带上你的发票直接去消费者协会，会有人接待你的。

王 先 生：谢谢，太感谢你了。我这就去。

（过了一天）

王 先 生：喂，3.15热线吗？我还是昨天那个买了假剃须刀的。

工作人员：请问您的问题解决了吗？

王 先 生：一提这事儿我这气就不打一处来。昨天消费者协会的同志帮我联系好了，卖剃须刀的电话里答应得好好的，可我一去他们又变卦了，说是只能换，不能退。我费尽了口舌他们还是不退，我的鼻子都快被他们气歪了。真是岂有此理！

工作人员：您别着急，事情总会解决的，理在你这边，他们想抵赖也抵赖不了。要是他们还这么无理，我们就找新闻媒体给他们曝曝光，让他们在大家面前丢丢脸。您放心，他们一定会给您赔礼道歉的。

王 先 生：那就太麻烦你们了！哎哟，我让他们气得心口疼，我得去医院看看。

工作人员：您老小心身体，事情一定能圆满解决，您就等着我们的好消息吧。

王 先 生：要是没有你们，我单枪匹马的还真斗不过他们。谢谢，谢谢！

工作人员：这是我们应该做的，再见。

## 词语例释

| 交 涉 | 跟对方商量解决有关问题的办法。如：<br>我最近正为减免贫困学生学费的问题和教育局交涉。 |
|---|---|
| 恶 劣 | 很坏。如：<br>最近恶劣的天气让人难受死了。 |

| 天花乱坠 | 比喻说话虽然很动听，但却过分夸大，不合实际。如：你别听他吹得天花乱坠的，其实他的公司很小，能给你的待遇也不会太好。 |
| --- | --- |
| 口口声声 | 形容不止一次的表白、陈述或把某一说法经常挂在口头。如：你口口声声说关心我，你就是这么关心的吗？ |
| 岂(qǐ)有此理 | 哪有这样的道理。如：明明是你错了你非说是别人的不是，真是岂有此理！ |
| 抵　赖 | 用撒谎或歪理否认自己的过失或罪行。如：这就是你偷的东西，我有人证，你抵赖不掉。 |
| 曝(bào)光 | 比喻秘密的事（不光彩的事）显露出来被众人知道。如：他们乱收费的事被记者曝了光。 |
| 单枪匹马 | 比喻单独行动，没有别人帮助。如：你单枪匹马和他们打官司难度太大了。 |
| 斗（dòu） | 矛盾的一方用一些办法力求战胜另一方。如：他们地位高就可以欺负人吗？我一定和他们斗一斗。 |

### 表达拓展　"生气"的表达法

本课有一些关于"生气"的表达法：

1. 哪有这样的理儿（真是岂有此理）

因对方不讲理而生气。如：你用了人家的东西还让人家付钱，哪有这样的理儿？（真是岂有此理！）

2. 我的肺都快气炸了（鼻子快被气歪了）

表示生气的程度很高。如：昨天在路上碰上个故意往我车上撞的人，撞完后让我赔他一万块，我的肺都快被他给气炸了。

3. 气不打一处来

表示提起某事或某人就特别生气。如：你别在我面前说他，一提他我就气不打一处来。

### 4. 气得心口疼（气出心脏病了）

因为生气，心脏不舒服。如：昨天孩子和我吵架，我气得今天还心口疼。

除此之外，还有一些表达"生气"的方法。如：

### 1. 气得眼珠子发蓝（头发都竖起来了/快吐血了/快背过气去了）

都表示生气的程度很高。如：我上车后她不但不给我让座，反而说她20岁，我80岁，我应该尊老爱幼，照顾她。我气得差点背过气去了。

### 2. 暴跳如雷

被气得跳起来，大声叫喊，形容特别生气而发怒的样子。如：一听事情办砸了，上司在办公室里暴跳如雷，把每个人都骂了一顿。

### 3. 气急败坏

表示十分生气，恼怒。有贬义。如：我们揭穿了他的坏心眼，他气急败坏地走了。

### 4. 气得一跺脚走了（气得一甩手走了）

表示因为生气所以走掉了。后者表示因为生气所以走掉不管眼前的事。如：①我们俩闹别扭，吵了几句，女朋友气得一跺脚走了。②我忙了半天，他不但不领我的情，反而挑我的毛病，我气得一甩手走了。

## 一、用正确的语气语调朗读下列句子

1. 我去找他们退货，他们说商品售出，概不退换，哪有这样的理儿！
2. 可卖方不但不承认是自己的问题，反而一口咬定是我回家后操作失误造成了故障，而且态度特别恶劣，真是快把我的肺气炸了！
3. 我买的时候他们吹得天花乱坠的，而且口口声声说他们实行"三包"，我也就相信了，没仔细看。
4. 你带上你的发票直接去消费者协会，会有人接待你的。
5. 一提这事儿我这气就不打一处来。
6. 我费尽了口舌他们还是不退，我的鼻子都快被他们气歪了。真是岂有此理！
7. 您别着急，事情总会解决的，理在你这边，他们想抵赖也抵赖不了。
8. 那就太麻烦你们了！哎哟，我让他们气得心口疼，我得去医院看看。

## 二、用课文中的词语或句型表达

1. 我们商店现在打折的商品特别便宜，可是买回家以后不能再回来退换，这是我们商店的规定。

   提示：概不退换

2. 小明的随身听坏了，可他非说是我弄坏的。

   提示：一口咬定

3. 这件事人事部负责，你们去找他们商量解决方法吧。

   提示：和……交涉

4. 以前你经常说多么多么爱我，说得那么好听，现在怎么变心了？

   提示：天花乱坠　口口声声

5. 你们不是说好了实行三包吗？为什么不让我们退货？我们不想换货。

   提示：只能……不能……

6. 不管我怎么劝他他就是不肯改变主意。

   提示：费尽了口舌他还是……

7. 你别担心，你有道理，我们会打赢官司的。

   提示：理在……这边

8. 他们是大公司，竞争的时候只凭你们自己的力量竞争不过他们。

   提示：单枪匹马

## 三、用"生气"的表达法完成句子或说说下列情景

1. 甲：你买电视机了吗？

   乙：你一说电视机_____，这厂家太不像话了！

2. 他们纯粹是欺负老实人，昨天他们非得让我们每人交100块钱才可以去

外面吃饭,气死我了。

3. 我劝他他不听,我一生气就走了。

4. 昨天因为姐姐和男朋友一晚上没回来,爸爸气得在家里大发脾气。

5. 因为大家都明白了他耍心眼骗大家,很多人都讽刺他,他有点恼了,然后就走了。

6. 前两天因为同事在背后说我的坏话,领导对我很有意见,我知道后气死了,差点住了医院。

7. 他的孩子太不听话了,他整天生气,可又无可奈何。

## 四、试一试

两个人一组,设计一个买东西退货的情景,一个人扮演售货员,一个人扮演顾客,尽量用上本课学过的词语或句型。

# 第十课

## 众说纷纭话名牌

### 听力课文
◎ 人们心中的名牌 ◎

## 词语例释

|  |  |
|---|---|
| 便宜没好货 | 便宜的东西没有质量好的。如：<br>便宜没好货，如果你买处理品的话肯定会吃亏的。 |
| 就高不就低 | 靠近高层次的不靠近低层次的。多指在选择时宁愿付出一定代价选择条件高、价格高的也不要条件低、价格低的。如：<br>在女性择偶问题上表现出就高不就低的特点，这使很多人失去了一些机会。 |
| 以次充好 | 用次品冒充质量好的商品。如：<br>这家商店以次充好，欺骗消费者。 |
| 使出浑身解(xiè)数 | 解数，原指武术的架势，泛指手段、本事。意思是把所有的本事、能力都用出来。如：<br>为了调动工作我真是使出了浑身解数。 |
| 不惜血本 | 血本，指经商的老本儿。意思是舍得最后的本钱一定要做好某事。如：<br>这次我们不惜血本一定要确保产品销售的成功。 |

## 第十课 众说纷纭话名牌

| 润滑油 | 原指涂在机器上减少机器零件之间摩擦的油质，比喻使事情顺利进行的方法、手段。如：<br>要想让企业正常运转，就需要常常上点润滑油，这就是鼓励和奖励。 |
| --- | --- |
| 言过其实 | 说话超过了实际，不合实际。如：<br>他们说这家公司非常现代，现在看来他们言过其实了。 |
| 舶(bó)来品 | 进口的货物。如：<br>有些人就喜欢舶来品，认为可以代表一种身份和地位。 |
| 误区 | 较长时间形成的某种错误认识或错误做法。如：<br>每个人的思想中都存在一些误区。 |
| 定位 | 把事物放在合适的位置并加以评价。如：<br>如果你们没做好市场定位的话产品不容易推销出去。 |
| 主宰(zǎi) | 支配、控制。如：<br>经济利益主宰着市场的运行。 |

## 一、听后判断

1. 很多消费者觉得贵的就是好的，所以一些商人故意抬高价格。（  ）
2. 广告对企业实现自己的市场目标起着重要的作用。（  ）
3. 消费者觉得三资企业的产品好于国外产品。（  ）
4. 取得了某种证书说明产品一定很好。（  ）
5. 如果国产商品的质量及价格和国外商品一样，消费者还是喜欢买国产的。（  ）
6. 做广告是为了让消费者知道并认可自己的商品。（  ）
7. 只要市场定位准确，企业就可以成功。（  ）

## 二、听后选择

1. 下面哪个不是消费者消费时的误区？（　　）
   A. 广告多的产品是名牌　　　　B. 质量好的是名牌
   C. 进口商品是名牌　　　　　　D. 获得过各种证书的是名牌

2. 按照课文中的说法，消费者存在几个误区？（　　）
   A. 两个　　　B. 三个　　　C. 四个　　　D. 五个

3. 下面哪个方面不是消费者对名牌产品的描述？（　　）
   A. 外形美观　　B. 价格合理　　C. 服务好　　D. 质量过硬

4. 按照课文的内容，几个方面可以构成一个名牌产品？（　　）
   A. 两个　　　B. 三个　　　C. 四个　　　D. 五个

## 三、听后回答

1. 很多人为什么认为价格高的就是名牌？
   提示：便宜没好货

2. 人们在购买商品的时候习惯怎样？
   提示：就高不就低

3. 为了广告的效果厂家怎么样？
   提示：使出浑身解数　不惜血本

4. 广告对产品来说相当于什么？
   提示：润滑油

5. 过分夸大广告的作用会引起什么后果？
   提示：言过其实

6. 对名牌来说什么是比较重要的？
   提示：名牌就是……，不仅仅是……，更重要的是……

7. 广告起着什么样的作用？

提示：主宰　起……作用

### 叙述性口语课文
## ◎ 名牌，对你的吸引力有多大？◎

随着经济的发展，各种名牌产品离人们的生活越来越近了。那么人们对名牌的看法是怎样的？名牌对消费者有着怎样的吸引力？带着这样的问题，我们走访了部分消费者。

**李小姐，在一家航空公司工作，月收入四千元，未婚**

我买东西主要以名牌为主。我每月都要买《时尚》《世界时装之苑》等杂志，及时了解时尚的动向。我空闲时逛逛商场，主要是一些品牌店。我这样的知识女性，穿得太俗不好，而名牌服饰确实有着自己与众不同的品位。虽说价钱贵了点，但一分钱一分货，穿在身上感觉衣服是为人服务的，不像有些衣服穿起来好像人变成了衣服架子，完全没有人性化的设计。怎么说呢，对我而言，穿名牌，就是一种享受。当然，我现在完全没有家庭负担，一个人吃饱了全家不饿，所以可以随心所欲地花自己的钱，那我也就乐得潇洒啦。

**王小姐，研究生，暂无固定收入，未婚**

我现在大部分时候还是花家里的钱，一般人觉得应该节俭一点，不应该青睐名牌。可我不这样想。买衣服时，我一定要买一件是一件，要么不买，要么买名牌。开始我的朋友们都看不惯我，说我太奢侈。我的衣服过了四五年有的还在穿，可是我同学们买的大路货、处理品大都不到一年就没法穿了。算算账，我并没比他们多花钱。现在他们也赞同我的观点，宁缺毋滥，经济条件不够的时候买衣服一定要少而精。所以我是名牌的坚决拥护者。

**刘先生，公务员，月收入两千多元，结婚一年**

我呢，虽说收入不算太高，可也赞成买名牌。我倒不是说非得买什么国际顶尖名牌，但是名牌就是比非名牌质量好，特别是一些日用品。我买过一把瑞士军刀，花了将近200块，看起来挺贵，可仔细算，一把刀有五六种功能，如果分开买，也不便宜。再说，人家的刀切肉行，启瓶子行，削个东西硬点也不会卷刃，比一般杂牌货强多了。咱买东西不就图个货真价实吗？干吗买些质量差的东西回来添堵？

**连女士，五十多岁，退休工人**

我这个人，粗粗拉拉的，也没什么文化，生活也不太讲究。在吃穿方面，我是能凑合就凑合，不像我那些孩子们，动不动就是名牌什么的。我那丫头，上个月买回一双皮鞋，2000多，你说吓不吓人，它再好能好到哪儿去？不就是穿在脚上走个路吗？用得着吗？我看这些年轻人就是让钱烧的，没吃过苦，挣一个花俩，不知道节省。可这两年，我觉得这家用电器名牌的质量确实不错，省心，不容易坏，售后服务也好，一个电话，人家就上门给修。原来觉得贵，心疼钱，现在看来也贵不到哪里去，所以我这老太太也时髦时髦，过过名牌瘾，家里买大件时我也全部要名牌的。

**小杨，17岁，高中生**

长得很酷的小杨，一副新新人类的打扮，一身阿迪达斯运动装，一双耐克运动鞋，带着索尼的随身听，嚼着绿箭口香糖。说起名牌，他毫不犹豫地说："那还用问吗？""如果你的同学买了名牌，你用的是普通品牌，你会怎么想？"记者问道。"那可太跌份了，对我来说，没面子比死还难受。""那你觉得现在你没有经济能力，用家里的钱买名牌是不是有些过分？"他翻了翻白眼，有点不满意地说："他们只有我一个孩子，我不花钱谁花钱？"一副理所当然的样子。

**王老师，中学教师，四十多岁**

其实我不是老古董，我自己也买名牌。可是，现在有些学生的情况却很让人担忧。他们不管自己家庭条件好坏，盲目攀比。家庭好的学生觉得一身名牌很有派头，很酷；家庭条件不好的学生就打肿了脸充胖子，硬要跟风。长期下去，这些孩子的心理就会受到影响。这点上，家长也一定要重视，但不要张嘴就是"我们那时候多么艰苦朴素"，什么"衣服新三年旧三年缝缝补补又三年"，这些说教太老了，现在家庭条件不好的孩子也没人穿补丁摞补丁的衣服啊；要么就是"我有钱，孩子穿名牌我也体面"。这些想法都不利于孩子的成长。希望家长多为孩子的将来着想，好好引导，让孩子形成正确的消费观。

**李先生，眼镜店老板，四十五岁**

这些年，人们的品牌意识逐渐树立起来了。以前说名牌，大家注意的是是否时髦，现在大家更加关注的是质量。就拿我的眼镜店来说吧，经过这些年的发展，人们从购买镜片、镜框，到配隐形眼镜都更注重品牌了，因为这些品牌产品容易让消费者放心。实际情况也的确如此，我们售出的名牌眼镜很少遭到投诉，市场反馈满意度很高。作为经营者，我们常觉得，有了名牌产品，不愁没有销路；反之，东西不好，你再搞优惠活动，再降价也吸引不来多少顾客。所以说，这些年，人们的购物观念逐渐成熟了，品牌意识以一种"润物细无声"的方式深入到了更多消费者的心中。

## 词语例释

| | |
|---|---|
| 时尚 | 当时的流行趋势。如：<br>这些服装是最符合时尚的新款式。 |
| 品位 | 人或事物的品质、水平。如：<br>这本书从他的审美眼光看是很有品位的。 |
| 随心所欲 | 一切由着自己的心意，想怎么做就怎么做。如：<br>你现在刚工作，怎么能随心所欲地买名牌呢？ |
| 奢(shē)侈(chǐ) | 花费大量钱财过分追求享受。如：<br>你挣这么点钱怎么还买这种奢侈品呢？ |
| 宁缺毋(wú)滥(làn) | 宁可缺少也不要不顾质量地求多。如：<br>我找男朋友的标准是宁缺毋滥。 |
| 顶尖 | 达到最高水平的。如：<br>这些运动员都是顶尖高手。 |
| 卷刃(rèn) | 刀切很硬的东西时刀刃卷起来。如：<br>你别用这把刀切骨头，容易卷刃。 |
| 货真价实 | 货物不是假的，价格也实实在在。引申为实实在在，一点不假。如：<br>每个人都喜欢货真价实的东西。 |

|  |  |
|---|---|
| 添　　堵 | 给人增加不愉快，让人心烦、憋气。如：<br>说什么你也不听，你别在这里给我添堵了，快走吧！ |
| 粗粗拉拉 | 粗糙，不细致。如：<br>我的性格就是这样粗粗拉拉的，你别见怪。 |
| 跌　　份 | 丢面子。如：<br>如果我开一辆几万块钱的车我觉得跌份。 |
| 攀 (pān) 比 | 和比自己条件好的、水平高的比较。如：<br>在生活上不应该和别人攀比。 |
| 打肿脸充胖子 | 明明没有达到某条件非要勉强要求这种条件。如：<br>你没钱就不要买这么大的房子，干吗非得打肿脸充胖子？ |
| 艰苦朴素 | 现常用来表示像在艰苦条件下那样不奢侈，不讲排场。如：<br>我们要保持艰苦朴素的精神。 |
| 反馈 (kuì) | 信息、反映等返回。如：<br>根据学生反馈的信息我们决定增加课程量。 |

## 练习

**一、用课文中的词语完成或改写句子**

1. 我觉得她穿的这件衣服和别的不一样，很有艺术感觉。

    提示：与众不同　品位

2. 买便宜货售后服务往往不好，太麻烦。为了减少麻烦，我一定要买名牌。

    提示：省心

3. 如果暂时没有合适的，我也不想凑合。

    提示：宁缺毋滥

4. 小李一个人买了十种很贵的菜比如海参、鲍鱼等等大吃特吃，你怎么说？

提示：奢侈

5. 有些年轻人流行什么就非要买什么，好像不这样会没面子似的。

提示：跟风　跌份

6. 你家经济条件不好，就在一个普通酒店举行婚礼吧，干吗非得去豪华大酒店呢？

提示：打肿脸充胖子

## 二、用课文中的句型表达

1. 一分钱一分货

例句：俗话说：一分钱一分货，你千万不要买便宜货。

(1) 当顾客觉得东西价格有些贵时，售货员怎么劝顾客？

(2) 你坚持花较多的钱买台名牌电脑，你怎么说服父母？

2. 买（动词）一件（量词）是一件（量词）

例句：你不要一次学很多单词，每个学过的都应该记住，要学一个是一个，经常复习。

(1) 每次排练的时候你都应该认真，争取每次排练都有效果。

(2) 你写文章的时候要注意文章的质量，不要贪多。

3. 能凑合（动词短语）就凑合（动词短语）

例句：只要老师检查得不太严格，写作业时我能凑合就凑合。

(1) 工作的时候能偷懒的话他总是偷懒。

(2) 这样的秘密尽量不要说。

4. 再好能好到哪儿去？（再好也好不到哪儿去）

例句：不就是一个收音机吗？再好能好到哪儿去？

(1) 你别羡慕别人的东西，虽然很好但也不会太好。

(2) 不会吧？怎么会那么贵？我觉得不可能有那么贵的东西。

5. 有了……，不愁……

例句：有了好文章，不愁没有地方发表。

(1) 如果姑娘很好的话很容易嫁出去。

(2) 如果产品很不错的话很容易卖出去。

### 三、思考与调查

1. 你买什么东西的时候倾向于买名牌？为什么？
2. 你们国家老年人和年轻人的消费观有差别吗？
3. 你对名牌是怎么看的？
4. 如果你有孩子，你的孩子要求买名牌时你怎么办？
5. 你觉得什么样的商品算是名牌？
6. 你觉得名牌价格很高的理由是什么？
7. 请你调查三个年龄差别较大的人，问问他们对名牌的看法是什么。

### 对话性口语课文

## ◎挡不住的诱惑◎

老王：现在的年轻人，钱还没挣几个，就一个赛一个地花钱，买东西专拣名牌买，真了不得！

老李：可不是。你说要是有这个经济能力你买再贵的牌子也没人管你，那叫促进消费，可没多少钱整天瞎攀比，不是穷折腾吗？

老王：这真是奇了怪了，我就弄不明白，这名牌怎么有那么大的吸引力，弄得这些年轻人神不守舍的。

老李：不过，话说回来，有些知名品牌质量的确很过硬，东西用起来既耐久又方便，也难怪年轻人会喜欢。只是我们年纪大了，看见名牌喜欢是喜欢，不买也没关系。可年轻人定力还不够，所以控制不住自己。

老王：我们楼下老刘家，辛辛苦苦好不容易把女儿供出来，念完了大学，可这孩子倒好，第一个月的工资，给自己从头到脚买了一身阿迪达斯，最后连生活费还得向家里要，她妈又生气又心疼，说她两句，她还振振有词地说以前没条件，现在挣钱了再穿一般的衣服觉得寒碜。你说这不是养了个白眼狼吗？

老李：这就真是不懂事了，哪有这么跟爸妈说话的？

老王：谁说不是呢！她妈跟我说的时候一边说一边掉眼泪，咱能说什么，只好安慰她两句。

老李：安慰其实也没什么用，关键是她自己得想开，自己养的孩子有什么办法呢？再说两代人这消费观怎么也不一样，要不怎么会有代沟呢？

老王：你说的在理儿，咱们年轻那会儿老人不是也嫌咱们花钱大手大脚吗？咱们也会稀罕些时髦的东西，现在咱有时也得理解年轻人，买买名牌什么的，只要不太过分就可以。

老李：对呀，其实咱们不也喜欢名牌吗？家里的日用品、家用电器不是都是名牌吗？只不过服装方面不那么讲究就是了。现在吃的东西杂牌子我还真不买呢！

老王：其实我看买不买名牌不重要，重要的是你的心态。要是你总是追求名牌，得不到就上火那就不好；否则条件达到了，买些名牌也无可厚非。

老李：是啊，好东西谁不喜欢呢！哎呀，光顾着跟你聊天了，老伴儿让我下来买袋酱油，我都忘了买了。这不，老太太也喜欢名牌，点名让我买"欣和"牌的，看来，名牌真是深入人心了！

老王：快去吧，别说了，一会儿老伴儿该数落你了！

## 词语例释

| 神不守舍 | 舍，这里指人的身体。形容精神好像不在自己的身体中的感觉。如：<br>因为有心事，我一整天都神不守舍的。 |

| | |
|---|---|
| 过 硬 | 经得起严格的考验或检验。如：<br>只有有了过硬的技术才能不被淘汰。 |
| 耐 久 | 能够经得起较长时间的使用。如：<br>这种鞋子非常耐久，有时五年都穿不坏一双。 |
| 定 力 | 经得起诱惑的力量。如：<br>你最后还是上当了，说明你定力不够。 |
| 寒碜 (chen) | 因为条件、水平不如别人而觉得丢脸，不体面。如：<br>穿这么破烂的衣服你不觉得寒碜吗？ |
| 白 眼 狼 | 比喻受人的恩惠不知回报的人。如：<br>你这个白眼狼，我是怎么对你的？你怎么这时候不帮我的忙呢？ |
| 杂 牌 儿 | 乱七八糟的牌子，指质量不太可靠的品牌。如：<br>你总喜欢买这种杂牌儿的东西，早晚非得吃亏不可。 |
| 无可厚非 | 不需过分指责，表示虽有缺点，但是可以理解、原谅。如：<br>年轻人喜欢时尚的东西这也无可厚非。 |
| 深入人心 | 到达人的内心。表示某人、某事、某物受到人们真心的喜欢、欢迎。如：<br>从大家的反应看，这项政策已经深入人心了。 |
| 数(shǔ) 落(luo) | 列举过失而指责。如：<br>她因为这几天总是不听话被妈妈数落了一顿。 |

## 表达拓展  "同意、赞成、附和"的表达法

在这篇课文中有一些表示同意、赞成或附和别人意见的表达法：

1. 谁说不是呢？

表示同意对方的观点，后面再进一步说明自己的想法。如：我觉得小王今天说的话太过分了。——谁说不是呢，他怎么能这么跟领导说话呢？

## 2. 你说的在理儿

同意、附和别人的话，觉得对方说得有道理。如：小孩子应该吃点苦，否则将来成不了大气候。—— 你说的在理儿，娇惯孩子没什么好处。

## 3. 对呀，咱们不也……吗？

赞成对方的说法，表示自己也有和对方说的一样的行为。如：对啊，咱们不也常常偷点懒吗？孩子当然也会偷懒了。

## 4. 是啊，好东西谁不喜欢呢？

用反问的语气表示同意对方的观点。如：是啊，好东西谁不喜欢呢？你没看见名牌虽贵但从来不缺少顾客吗？

除此之外，"同意、赞成、附和"的表达法还有很多。如：

### 1. 我举双手赞成

表示非常赞成别人的观点或某政策。如：把上班时间改得晚一些，我举双手赞成。

### 2. 你说出了我的心里话

表示赞成对方的说法。如：你真是说出了我的心里话，太痛快了！

### 3. 我坚决拥护……决定

表示同意、赞成某种政策、规定。如：你们怎么看我不管，反正我坚决拥护这次改革的决定。

### 4. 就按你说的办吧（就这么办）

表示同意按照某人的意见做某事。如：行，就按你说的办吧，不过要注意不要办砸了。

# 练 习

## 一、用正确的语气语调朗读下列句子或说说下列情景

1. 现在的年轻人，钱还没挣几个，就一个赛一个地花钱，买东西专拣名牌买，真了不得！

2. 你说要是有这个经济能力你买再贵的牌子也没人管你，那叫促进消费。

3. 这真是奇了怪了，我就弄不明白，这名牌怎么有那么大的吸引力，弄得这些年轻人神不守舍的。

4. 说她两句,她还振振有词地说以前没条件,现在挣钱了再穿一般的衣服觉得寒碜。你说这不是养了个白眼狼吗?

5. 这就真是不懂事了,哪有这么跟爸妈说话的?

6. 谁说不是呢!她妈跟我说的时候一边说一边掉眼泪,咱能说什么,只好安慰她两句。

7. 你说的在理儿,咱们年轻那会儿老人不是也嫌咱们花钱大手大脚吗?

8. 哎呀,光顾着跟你聊天了,老伴儿让我下来买袋酱油,我都忘了买了。

## 二、用课文中的词语或句型表达

1. 你看人家的孩子一个比一个聪明。
   提示:一个赛一个

2. 他吃的全是很有营养的东西。
   提示:专拣……

3. 人家都考九十几分,你才考六十多分,你不觉得_____吗?

4. 我给你吃了那么多好东西,现在你怎么一点也不给我吃?你真是_____!

5. 我真奇怪她怎么会连这个也不懂呢?
   提示:奇了怪了  我就弄不明白……

6. 你想赚大钱过舒服日子也没什么不对的。
   提示:无可厚非

## 三、用"同意""赞成"的表达法完成句子或说说下列情景

1. 甲:我看见好看的衣服很眼馋。
   乙:_____,我其实也喜欢好衣服。

2. 甲:刚工作的时候应该勤快点,少说话多做事。
   乙:_____,我也是这么想的。

3. 给员工增加福利的决定我支持。

4. 如果你问我对严格管理的看法，我告诉你我非常同意。

5. 甲：这孩子真不成材，怎么好好的突然就退学了呢？
   乙：_____，可惜了这么个聪明孩子。

6. 甲：我们单位有些不正之风，比如有些人太爱拍马屁了，这真是令人厌恶！
   乙：_____，我也有同感。

7. 甲：年轻人违反点纪律可以理解，毕竟年轻嘛！
   乙：_____，慢慢就好了嘛。

8. 甲：我们可不可以按照第二个设计方案去做？
   乙：_____，我没有不同意见。

# 第十一课

## 寅吃卯粮，你愿意吗？

### 听力课文
◎ 把"梦想"搬回家 ◎

### 词语例释

| | |
|---|---|
| 风和日丽 | 风柔和，天气晴朗。如：<br>今天是一个风和日丽的好天气。 |
| 劈头盖脸 | 正对着头和脸盖下来，形容来势凶猛。如：<br>他一进家门，父母就不问青红皂白劈头盖脸地打他骂他。 |
| 败 家 子 | 不务正业大手大脚花钱的子弟。如：<br>你真是个败家子。 |
| 利　　息 | 因为存款或向外贷款而得到的本金以外的钱。如：<br>现在存钱的利息很低，存钱不如投资。 |
| 翻 跟 斗 | 身体向下翻转后恢复原状。如：<br>儿子很调皮，这不，又在床上翻起了跟斗。 |

### 练习

一、听后判断

1. 说话人的梦想是拥有一张带声音的华丽的大床。　　　　　　（　　）
2. 说话人的收入很低，所以不能实现自己的梦想。　　　　　　（　　）

3. 他们在一个很好的天气里实现了梦想。　　　　　　　（　　）

4. 父母来的时候外面下着雨。　　　　　　　　　　　　（　　）

5. 父母坚决不同意贷款消费的方式。　　　　　　　　　（　　）

6. 说话人觉得开心是最重要的。　　　　　　　　　　　（　　）

7. 听了父母的话，说话人对自己的决定感到后悔。　　　（　　）

## 二、听后选择

1. 下列哪个不是说话人不能实现梦想的原因？（　　）
   A. 工作太忙　　　B. 钱不够　　　C. 买房花了很多钱　　　D. 不能贷款

2. 父母的话是什么意思？（　　）
   A. 睡觉没什么花样
   B. 不同意贷款买东西
   C. 床是睡觉的工具
   D. 不应该为了睡舒服点就买这么贵的床

3. 说话人是怎么想的？（　　）
   A. 床的作用在人生中占三分之一
   B. 生活质量的高低直接由床的好坏反映出来
   C. 只有床好，人才会开心
   D. 现在已经达到了可以拥有自己满意的床的条件

4. 关于这篇课文，哪个说法是不正确的？（　　）
   A. 说话人喜欢豪华大床　　　　　B. 说话人一家三口都很喜欢新床
   C. 父母觉得孩子不会过日子　　　D. 父母和女儿一直有着很深的代沟

## 三、听后回答

1. 说话人以前为什么没买新床？
   提示：闲钱

2. 他们选择什么样的日子买了床？
   提示：风和日丽

3. 父母的态度是怎么变化的？
   提示：由晴转阴　雷雨

4. 父母是怎么批评他们的？
   提示：睡觉还能睡出个花儿来？　败家子

5. 父母觉得贷款买床怎么样？
   提示：哪有……的样子？

6. 父母觉得开心最重要吗？
   提示：……不能当饭吃

## 叙述性口语课文
### ◎ 贷款买房，你准备好了吗？ ◎

**李琳，32岁，医生**

我们是今年三月份办的房屋抵押贷款，买下了一套建筑面积120平方米，总价32万的新房。我觉得贷款买房感觉不错，提前告别了小房子，住进了宽敞明亮的新居嘛。还有，自己买房各种房型、地段都可以随心所欲地选择，不像以前福利分房的时候不允许挑拣，分到哪儿就是哪儿。要说坏处嘛，当然也有，第一就是办贷款手续还有点繁琐，第二呢，就是要付给银行不少的利息。现在我们每个月要负担1800元的月供，听起来不少，可是我们两人的收入比较稳定，月供只会逐年减少，而我们的收入只会增加。这样看来承担的房款对我们来说压力不大。再说，以我们夫妻的收入水平看，如果几年后我们攒够了钱再去买房，房价肯定又涨了，贷款买房帮助我们提前实现了换房的梦想。美国老太太和中国老太太购房观的故事大家都已经听说了，我们现在能做的就是转变观念，立即行动。

## 第十一课　寅吃卯粮，你愿意吗？

**高延君，男，38岁，企业职工**

我和妻子都在企业工作，月薪都是一千多元，手头不太宽裕。可是孩子一天天长大，一家三口加上我母亲住在30多平方米的老房里就显得挤挤巴巴的。所以我们也通过贷款买了房。首付8万多是原来攒下的，剩下的办了10年按揭，买下了一套100平方米的新房。等新房盖好了进去一看就傻眼了，空荡荡的房子没钱装修怎么办？我硬着头皮向别人借了4万块把新房简单装修了一下搬了进去。可现在心里不但不高兴，反而天天堵得慌。一来呢，每个月8百多元的还贷让家里的经济一下子紧张了起来，原本很爱打扮的妻子现在一天到晚没个好脸色，全家人的生活费突然减少，大家都要节衣缩食地过日子；二来呢，借人家的4万块钱像一个巨大的包袱压在身上；再想想借银行的钱得到我将近50岁才能还清。这样一来，我的白头发越来越多，心情越来越烦躁。真不该当初头脑发热，贷款买下这么大的房子。古人说得对，世界上没有免费的午餐，天上掉馅儿饼的好事怎么会落到我们身上？大家以后要贷款买房一定要量力而行，不要贪大，否则会像我一样吃苦头的。

**江心，男，25岁**

我打算明年结婚，原来我和未婚妻说好了我们自力更生，自己贷款买房，不要家里的钱。可我父母知道后坚决不同意，他们说与其借银行的钱还不如借亲戚的，照样按银行利率给他们利息就行，何必贷款花些冤枉钱呢。我们觉得欠人家的人情更累，可他们不理解，还把我们俩训了一顿，说我们不会过日子。唉，没办法，最后还得听他们的，谁让我们是小辈呢。我们也不想为了买房子的事惹他们不高兴。看来，我们只好一脑子新思想办旧事了。两代人的思想差距怎么这么大呢！

## 词语例释

| 抵押 | 债务人把自己的财产押给债权人，作为还清债务的保证。如：他把房子抵押出去，贷了50万块钱的款，办起了公司。 |
|---|---|
| 挤挤巴巴 | 表示很拥挤的口语说法。如：那么小的房间，居然住了三个人，挤挤巴巴，还不如住宿舍呢。 |

|  |  |
|---|---|
| 傻眼 | 因为出现意外情况而不知怎么办才好。如：他去银行取钱的时候，银行职员说，卡上没有钱，他听完以后，顿时傻眼了。 |
| 节衣缩食 | 节省吃的节省穿的，表示节俭。如：他们老一代在比较艰苦的岁月里过着节衣缩食的生活。 |
| 天上掉馅儿饼 | 表示意外的不太可能发生的好事。如：你坐在大街上，有人突然送给你10万块钱，这简直是天上掉馅饼。 |
| 量力而行 | 根据自己的力量来决定怎么做。如：做任何事情都应该量力而行，否则会吃苦头的。 |
| 自力更生 | 不依靠别人，依靠自己的力量把事情办起来。如：结婚后我们俩自力更生，不依靠父母，最后也过得不错。 |
| 冤枉 | 不值得，吃亏。如：他因为不善于讨价还价而花了很多冤枉钱。 |

## 练 习

**一、用课文中的词语表达**

1. 我的房间放一张床、一个书架、一张书桌、一个衣柜就显得特别挤。

   提示：挤挤巴巴

2. 昨天小王回家打开门一看就愣了：家里乱七八糟的，值钱的东西都被小偷偷走了。

   提示：傻眼

3. 你以前不是挺冷静的一个人吗？这次怎么会这么冲动地辞了职呢？

   提示：头脑发热

4. 你怎么会相信他捡到的东西是金子呢？如果是金子他怎么会真的分给你

呢？世界上哪有这样的好事！

　　提示：天上掉馅儿饼

5. 今天妈妈不在家，我们兄弟俩要自己做饭。

　　提示：自力更生

6. 你每次买东西都比别人买得贵，花了很多不该花的钱。

　　提示：花冤枉钱

## 二、用课文中的句型表达

1. （V）到哪儿就是哪儿

　　例句：今天我们走到哪儿就是哪儿，走不动了就开始野营，好吗？

　　（1）你给我们分配工作吧，我们保证服从你的分配。

　　（2）这次我扔石头，扔到的地方就是你们要跑到的地方，不能再随便改了。

2. 要说……嘛，当然也有，第一，……；第二，……

　　例句：要说当女人的好处嘛，当然也有，第一，可以穿漂亮的衣服；第二，即使不工作也不会有人批评你。

　　（1）独身的好处是自由和经济负担比较小。

　　（2）去很远的地方出差很累，可是可以看很多地方，还可以不在领导面前挨批评。

3. ……像一个巨大的包袱似的压在身上

　　例句：马上就要高考了，考试像一个巨大的包袱似的压在身上，压得我喘不过气来。

　　（1）我们家要由我来负责弟弟妹妹的学费，我觉得负担很重。

　　（2）设计任务要在一周内完成，我压力很大，天天晚上失眠。

4. 与其……不如……，何必……呢？

例句：与其在家里等着不如出去找工作，何必非要靠别人的帮助呢？

(1) 我觉得在家里休息还不如出去活动一下舒服，不需要那么听医生的话。

(2) 他要是对你不好，让你很痛苦，你就应该和他分手，干吗在一棵树上吊死？

三、思考与讨论

1. 你听说过中国老太太和美国老太太买房的故事吗？请讲一下。
2. 你觉得贷款买房的利弊各是什么？
3. 你会不会选择贷款买房？为什么？
4. 你们国家有什么样的贷款政策？请介绍一下。

---

**对话性口语课文**

## ◎ 父子对话 ◎

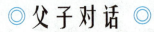

爸爸：你看你，这是什么打扮？快给我脱了！前几天我和你妈给你买的新衣服呢？

儿子：哼，那套衣服土得都快掉渣儿了，我能穿吗？我穿出去人家还以为我是从历史博物馆里出来的呢！

爸爸：你真是身在福中不知福！想当年，我们年轻的时候，谁还穿什么新衣服，衣服都是补丁摞补丁的。整个社会都讲究艰苦朴素，勤俭节约。

儿子：快别提你们那时候了，一个个傻得跟什么似的，不是蓝工作服，就是绿军装，一点个性都没有。看看我，你能说这身打扮不酷吗？

爸爸：别臭美了，怪模怪样的，一看就不像个好人。我问你，你哪儿来的钱买衣服？从上个月开始你们厂不是连工资都发不下来了吗？

儿子：借的呗。

爸爸：你这个败家子，真是打肿脸充胖子！你都快喝西北风了，还充什么门面！

儿子：话可不能这么说，我穿得漂漂亮亮的你们脸上不也有光吗？再说，人是衣服马是鞍，一身名牌，人的气质马上就不一样了，我可不想像你们一样一辈子土里土气的。

爸爸：你除了会说还会什么？别在我面前讲大道理。你什么时候能把借的钱还上？

儿子：急什么，慢慢还呗！

爸爸：你这个不成材的东西，好人谁还总是借别人的钱？我上次给你的钱呢？快拿去还给人家！

儿子：早花完了！

爸爸：五百块都够我和你妈一个月的生活费了，你这么几天就花光了，以后你别想从我这儿再拿到一个子儿！

儿子：随你的便，爱给不给，反正我可以找人借到钱。

爸爸：你，你……，好啊，反了你了，快去把这身衣服给我换下来！我看见就堵得慌！

儿子：打死我也不换！

爸爸：你，你，你这个混账东西，不换就给我滚出去！

儿子：滚就滚，你可别后悔！

爸爸：你，你！

## 词语例释

| 土得掉渣儿 | 非常土气。如：<br>那个农村娃，不管说话还是打扮都土得掉渣儿。 |
|---|---|
| 身在福中不知福 | 在外人看来已经很幸福了，可是还觉得不满足。如：<br>你们这些孩子，真是身在福中不知福。 |
| 补丁摞 (luò) 补丁 | 表示衣服上补丁很多，有的在破了的补丁上又打了补丁。多指人很穷，衣服很破。如：<br>家里没钱，孩子们的衣服补丁摞补丁，我这当父亲的，看着也不好受啊，可是我又有什么法子呢？ |

| 喝西北风 | 比喻没有东西吃，挨饿。如：<br>你以为当父母容易啊！我不工作，那你还不得去喝西北风呀。 |

| 充门面 | 没有条件或没有内涵，但为了面子故意表现出有条件或有内涵的样子。如：<br>她家的书是用来充门面的，根本不看。 |

| 人是衣服马是鞍 | 打扮对人很重要。如：<br>人是衣服马是鞍，你看，不起眼的小刘打扮起来，还真漂亮啊。 |

| 混账 | 也说混蛋。骂人话。指人不明白道理。如：<br>你这个混账东西，你给我滚出去。 |

## 表达拓展 "不在乎"的表达法

这课中有不少"不在乎"的表达法：

**1. 借（V）的呗！**

表示对自己通过某种方式做的事不在乎。如：这些钱是从哪儿来的？——偷的呗！

**2. 急什么，慢慢还（V）呗！**

当别人催促他干什么的时候他表示无所谓，慢慢来就可以。如：急什么，慢慢写呗，我今天晚上肯定能写完。

**3. 爱给（V）不给（V）**

表示对方做不做某事无所谓，随对方的便。如：你爱做不做，反正我已经告诉你了。

除此之外，还有很多表示"不在乎"的说法。如：

**1. 这点钱对我来说是九牛一毛，没什么**

对丢了钱或损失了钱不在乎，因为自己有很多钱。如：一万块对我来说是九牛一毛，没什么，就当我送给小偷了。

**2. 爱怎么着就怎么着**

表示对对方做不做某事或怎么做某事不在乎。如：你爱怎么着怎么着吧，从今天开始我再也不管你了。

**3. 砍头只当风吹帽（头掉不过碗大个疤）**

被杀头都没什么了不起的，表示无所谓，不在乎。如：有什么了不起的，头掉不过碗大个疤，何况只是挨了领导的批评呢？

## 一、用正确的语气语调朗读下列句子

1. 你看你，这是什么打扮？快给我脱了！
2. 哼，那套衣服土得都快掉渣儿了，我能穿吗？我穿出去人家还以为我是从历史博物馆里出来的呢！
3. 想当年，我们年轻的时候，谁还穿什么新衣服，衣服都是补丁摞补丁的。
4. 快别提你们那时候了，一个个傻得跟什么似的，不是蓝工作服，就是绿军装，一点个性都没有。
5. 我问你，你哪儿来的钱买衣服？从上个月开始你们厂不是连工资都发不下来了吗？
6. 你这个败家子，真是打肿脸充胖子！你都快喝西北风了，还充什么门面！
7. 人是衣服马是鞍，一身名牌，人的气质马上就不一样了，我可不想像你们一样一辈子土里土气的。
8. 你，你……，好啊，反了你了，快去把这身衣服给我换下来！我看见就堵得慌！

## 二、用课文中的词语表达

1. 小丽买了一件新衣服，很高兴，可她的同屋却说她怎么买那么土的衣服，小丽很难过。
   提示：土得掉渣儿

2. 你天天在有空调的房间里呆着还嫌热，那些建筑工人怎么办？
   提示：身在福中不知福

3. 你要是今天买这么贵的包的话，这个月你的生活费就没了，你怎么吃饭呢？
   提示：喝西北风

4. 他不爱看书，但他家的书架上摆了很多书，为的是让别人觉得他很有学问。
   提示：充门面

5. 你要好好打扮自己，衣服漂亮了给人的感觉就是不一样，不要随随便便的。
   提示：人是衣服马是鞍

6. 这几天我的胃不舒服，吃的东西好像不消化，都在胃里没下去一样，很难受。
   提示：堵得慌

## 三、用"不在乎"的表达法完成句子或说说下列情景

1. 我连杀头都不在乎，难道还会怕别人议论吗？

2. 甲：你这次的分数这么高，怎么回事？
   乙：＿＿＿＿＿＿＿＿＿＿＿＿＿＿，否则我怎么可能得这么高的分？

3. 这是给你准备的早饭，你不吃也没关系，你看着办吧。

4. 妈妈：明天就考试了，你还有很多东西没复习，你不能抓紧点时间吗？
   孩子：＿＿＿＿＿＿＿＿＿＿＿＿＿＿，反正我又不想考第一名。

5. 甲：你再不遵守纪律，我告诉老师去！
   乙：＿＿＿＿＿＿＿＿＿＿＿＿＿＿，我又不怕老师。

6. 甲：你捐给我们这么多钱，真是不知道怎么感谢你才好。
   乙：＿＿＿＿＿＿＿＿＿＿＿＿＿＿，下次我再多捐点。

## 四、思考与模仿

请你设计一段话，以父母的口气劝儿子树立正确的消费观，然后和同学模仿练习。

1. 你认为课文中的儿子在消费观方面有什么问题？
2. 你结婚时会不会借钱举行一个豪华婚礼？为什么？
3. 父母总是省吃俭用的，有了钱都存到银行里，请设计一段话劝劝他们。

# 回顾与复习三

## 一、听一听

（一）

1. 说话人可能是什么部门的人？
   A. 工商管理部门　　　　　　B. 消费者协会
   C. 新闻媒体　　　　　　　　D. 电视台

2. 他们检查了多少家商店？
   A. 差不多一千家　　　　　　B. 不到一千家
   C. 一千多家　　　　　　　　D. 一千家左右

3. 小商品市场存在几个问题？
   A. 一个　　B. 两个　　C. 三个　　D. 四个

4. 百分之多少的消费者因为便宜买过不合格商品？
   A. 40%　　B. 25%　　C. 30%　　D. 45%

5. 下面哪种消费观是说话人认为消费者应注意的？
   A. 便宜没好货　　　　　　　B. 一分钱一分货
   C. 价格高的比低的好　　　　D. 宁缺毋滥

6. 下面哪种不是说话人提到的小商品市场的情况？
   A. 假货太多　　　　　　　　B. 制假卖假一条龙服务
   C. 以次充好　　　　　　　　D. 宣传过度

151

7. 说话人认为市场秩序的建立最少要有几方面的参与？
　　A. 两方面　　　　B. 三方面　　　　C. 四方面　　　　D. 五方面

（二）

1. 说话人怎么了？
　　A. 挨批了　　　　B. 生气了　　　　C. 吵架了　　　　D. 痛苦了

2. 下面哪个是妈妈没说过的？
　　A. 说话人不挣钱光花钱
　　B. 家人都为买房节约
　　C. 说话人身在福中不知福
　　D. 家人也喜欢名牌，但不想打肿脸充胖子

3. 妈妈没让说话人干什么？
　　A. 帮家里挣钱　　　　　　　　B. 自己挣钱买自己要的东西
　　C. 心疼父母　　　　　　　　　D. 喝西北风

4. 下面哪句话不是妈妈的观点？
　　A. 人不会无缘无故得到钱　　　B. 不挣钱花钱时不应该理直气壮
　　C. 喜欢名牌的想法太奢侈　　　D. 买东西时应该量力而行

5. 下面哪个不是说话人听完妈妈的话后的反应？
　　A. 冤枉　　　　B. 傻眼　　　　C. 跌份　　　D. 无可奈何

6. 说话人现在担心什么？
　　A. 妈妈生气　　　　　　　　　B. 怎么才能得到钱
　　C. 家里没钱　　　　　　　　　D. 没面子

## 二、想一想

1. 第九课到第十一课中有一些消费心理和消费行为的词语，请大家分成两组，比一比谁说得多。

| 第一组 | 第二组 |
| --- | --- |
| 便宜没好货<br>宁缺毋滥<br>…… | 一分钱一分货<br>节衣缩食<br>…… |

2. 第九课到第十一课中还有一些有关买卖行为的词语，请大家分成两组，比一比谁说得多。

第一组
调包
以次充好
……

第二组
包圆儿
一条龙服务
……

## 三、填一填

1. 选用下列词语填空

| 聪明反被聪明误 | 便宜没好货 | 吆喝 | 吃一堑长一智 | 口口声声 |
| 岂有此理 | 单枪匹马 | 使出浑身解数 | 货真价实 | 寒碜 |
| 败家子 | 充门面 | 人是衣服马是鞍 | 混账 | |
| 身在福中不知福 | 时尚 | 过硬 | | |

　　我一直喜欢比较_____的东西，特别是服装，因为_____，如果穿上名牌给人的感觉就是不一样。这不是_____，我既然已经是白领了，就应该穿得像个白领，不应该太_____。我爸觉得我把大半的钱都花在服装上，好像_____一样。其实我觉得买名牌就是因为它质量_____，基本上都是_____的东西，不会像杂牌儿货一样_____说自己质量如何好，可等出了问题他们坚决不承认。我曾吃过一次亏，因为商店的小贩大声_____："打折了，打折了，来晚了买不到！"我一时心动就走了进去。虽然我知道_____，但老板当时_____让我相信他的货是正牌商品，只是因为过季才处理了。可回家一洗衣服就缩水缩得没法穿了。我去找他，可他说是我洗得不好造成的，真是_____！_____，以后我再也不去买这种打折的东西了，省得_____。这件事坚定了我买名牌的决心，无论别人怎么说我都要坚持下去，决不动摇。

2. 选用下列句型填空

(1) ……一坏，要想……就……了　　(2) ……，更有甚者，……
(3) （动词）一（量词）是一（量词）　(4) 能……就……
(5) 再……能……到哪儿去？　　　　(6) 有了……，不愁……
(7) （动词）到哪儿就是哪儿　　　　(8) 与其……不如……，何必……

大学毕业后我自己开办了自己的商店。这几年生意越来越红火。我的经验有几点。一个是一定要讲信誉。如果你欺骗消费者，就会失去你的信誉，信誉_____，_____让生意火起来_____难_____。_____最后没生意做，_____诚实经商，_____砸了自己的牌子呢？第二个是要卖货真价实的商品。即使价格稍微有点高，但只要质量过硬，回头客就会较多，不要贪多，_____一件_____一件，宁精勿滥。我感觉_____质量上乘的商品，_____没有销路。第三，要懂得顾客心理，给他们合适的建议。有些老板把自己的东西吹得天花乱坠，_____，在产品性能方面无中生有。其实现在的人有几个相信这种鬼话呢？有些顾客觉得便宜的东西最好，看到价格高的商品总是怀疑质量_____好_____好_____？还不是一样的穿在身上。穿的不像吃的，吃不好会危害生命，穿的_____凑合_____凑合。这时你要给他比较好的商品和不好的商品使用年限的不同，这样他会很愉快地接受你的建议，而且介绍到_____，特别信任你。抓住这三点，我相信你就可以做个成功的商人。

## 四、练一练

用"生气""同意、赞成、附和""不在乎"的表达法完成句子：

李大叔：老王，今天脸色怎么不太好？

王大叔：昨天和儿子吵了一架，_____，到今天心脏还不舒服。

李大叔：何必呢，跟自己的孩子。

王大叔：你不知道这小子，还是个学生，就整天名牌长名牌短的，我经常被他_____。

李大叔：年轻人嘛，谁不喜欢个时髦的东西？长大了就好了。

王大叔：可我们两口子供他上大学已经很费力了，孩子是不是应该体谅父母，别整天要这要那的？

李大叔：对，你_____。可是你也别太生气，他不是没做什么大不了的事吗？

王大叔：他为了买一顶棒球帽就借了人家200块钱，我问他怎么还钱，他竟然说：_____呗，我的肺都快_____，怎么生了这么个混账东西！

李大叔：你别上火，年轻人的想法跟我们不一样，他们 _____，别管他们了。

王大叔：我现在连看都不想看见他，一看见他气就 _____，我还得留着我这条命呢。

李大叔：对呀，钱是他借的，他爱 _____，你就省省心。再说，我们现在不是也喜欢名牌吗？前几天我女儿给我买了一副鱼竿，也是名牌的，用起来很顺手。

王大叔：_____ 呢？只是得花自己的钱办自己的事，别让父母跟着操心。光指望着父母为自己创造条件不是太没出息了吗？

李大叔：_____ 呢，我们是得好好跟孩子谈谈了，他们已经到了该自力更生的时候了。

## 五、编一编

用下列词语中的几个编一段短文或对话：

| 调包 | 一溜儿 | 包圆儿 | 二话不说 | 抵赖 |
| 气急败坏 | 秀才遇见兵，有理讲不清 | 岂有此理 | 吃一堑长一智 | 便宜没好货 |
| 添堵 |

**参考情景：** 我因为相信小贩的话买下了很多东西，回家一看才知道不是原来要的东西，回去找，小贩不承认，吵了半天也没用，这时有个人帮我讲理，小贩终于生气地把钱退给了我，我以后再也不敢买便宜货了。

## 六、说一说

1. 当两代人消费观发生矛盾的时候应该怎么办？

2. 有个人想把现在的房子换成大房子，可他没多少钱，要完全依靠贷款，你设计一段话劝他要考虑好各个方面，不要头脑发热，冲动地做决定。

3. 设计一个商贩和两个顾客的对话，商贩说得很好，顾客之一动心了，顾客之二提醒他不要上当，东西看起来粗粗拉拉的，不像正牌。

# 听力录音文本

## 第二课　现代人的恋爱观

### 听力课文
### ◎ 事业有成，难道是我的缺点吗？ ◎

我今年30岁了，但还是单身贵族。我自己觉得挺悠闲自在的，可我身边的所有人，特别是我的父母，整天急得要命，到处托人给我介绍男朋友。他们说："女孩子到了30岁还嫁不出去就成了处理品，你就别太挑了，差不多就行了。"这不，今天他们又拉来了一个，非让我见见不可。

我从大学毕业后一直从事经营工作，从业务员一步一个脚印地干到现在。去年，因为我的工作业绩突出，老板让我担任了我们公司的副总经理。虽然事业的发展很顺利，可我却发现人们看我的眼光在不知不觉地变化，特别是男人，渐渐地对我敬而远之，好像我不再是一个女人，而是一只母老虎似的。本来我是很清高的人，可随着年龄的增大我也不得不面对现实，自己降低了自己的择偶标准，只要能找到看着顺眼，脾气性格合得来的人就行，至于他的工作怎么样，他的相貌什么的都无关紧要。可是看来看去，要么说话不投机，根本没共同语言，要么稍有些好感的人家又嫌我职务太高了，怕我是女强人。真让我哭笑不得。但愿今天老天有眼，让月下老人早日把我的白马王子送到我的眼前。

一进介绍人的家，我就看到一个浓眉大眼、长得很精神的小伙子站起来，很有礼貌地笑着注视着我。我立刻对他产生了好感，虽然我知道他只是一个普通的职员。一个小时后，我们互留了通信地址，带着对彼此的良好印象愉快地告了别。我暗暗地盼着他早日给我来信。一周后，信终于来了。我怀着激动的心情打开信，只见信上写着："李惠同志：你好！虽然我对你印象不错，但在你的面前我有一种自卑感，所以我不敢高攀。请原谅！"

天哪！难道事业有成真的变成了我的缺点了吗？

## 第三课　走进婚姻

### 听力课文
### ◎怎样对待婚姻◎

小家庭建立之初，短暂的蜜月期之后，恋爱时的热情逐渐冷却。小夫妻们每天要面对的是一大堆生活琐事，柴米油盐酱醋茶，样样都需要操心。两人之间不再有花前月下的浪漫，取而代之的是烦心的家务劳动。由于有了家庭，就有了必要的开支，从婚前的大手大脚到婚后的精打细算也是一个很大的转变，不能适应这个转变，家庭的收支就会不平衡，缺钱，也是一个不可避免的矛盾。接着，事业和家庭的矛盾也会随之出现，有时工作中你会有各种应酬，不能按时到家，而你可能又会忘记给对方打一个电话；你想在事业上有所成就，她（他）可能也和你一样，但为了家庭的幸福和谐，就得有人作出牺牲和妥协。这种牺牲是必要的。

随着小生命的诞生，家务变得更加繁重，长时间的劳累，会使人的脾气变得更加烦躁。昔日温情的你，可能会动不动就发脾气，埋怨对方只顾自己，而忽视了对你的关心。对方的脾气也变得越来越坏，矛盾终于爆发了！

结婚后的五年之间，是婚姻的磨合期，也是最危险的时期。双方许多婚前隐藏的缺点、弱点都暴露了出来，有时你会觉得，婚前婚后的她（他）判若两人！其实在这个时候你更应该多想想婚前他（她）对你是多么的好，再想一想为什么婚后他（她）会变成这样，你是否给了他（她）足够的温柔和体贴？你是否真正承担起了做丈夫（妻子）的责任？通过反思，你会发觉自己的粗心和不足。

许多人都把忙作为理由，其实忙并不能成为理由。作为有事业心的年轻人，谁能不忙呢？但在你的心里，是否把对方真正放在心上？你应该怎样做呢？一束鲜花，一杯热茶，也许就是一个良好的开端；一句暖心的话，也许胜过千言万语。夫妻之间最需要的是相互之间的理解，用你的心去温暖她（他）的心，用你的情去换取她（他）的情。方法是很多的，每个人可以根据自己的性格和特点，用自己的方式为你们的爱情增添新的内涵。

度过了婚姻的磨合期，你们的情感进入相对稳定的时期。这个时候，一些平时不很重要的东西可能会成为家庭矛盾的导火索：你对她（他）的父母、兄弟姐妹、亲戚朋友和对你的父母、兄弟姐妹、亲戚朋友是否一样？关心的程度是否一致？重要的一点是要一视同仁，不能分你我！如果你能做到一碗水端平，不分彼此，你就会逐步赢得对方的信任和尊重。

也许某一天你会突然发现，不知从什么时候起，你们之间仿佛已经无话可说，各人忙着自己的工作，缺少必要的交流与沟通，彼此之间好像已经陌生，那就说明你们夫妻之间进入了情感的冷漠时期。

这种夫妻感情产生冷漠的原因是：家庭中的各种事情已经相对稳定，双方把大部分的精力都放在了事业上；工作之余的大量时间都花费在与朋友、生意伙伴的交往之中，花费在娱乐、消遣之中；由于工作的性质不同，双方的兴趣爱好、思维方式等都会产生很大变化，慢慢地在思想上出现了不同步、不协调的现象，甚至会出现思想上格格不入的情况，有话宁愿找自己的朋友说，也不愿和她（他）说。在这种情况下，你应该仔细地回顾你们共同走过的道路，认真分析冷漠产生的原因，从中发现问题，积极寻找解决的办法。产生夫妻感情的冷漠会有许许多多不同的原因，不应该一概而论，只能根据不同的情况，采取不同的办法来加以解决，力争达到夫妻双方相互理解、相互信任的境地。

总之，婚姻是需要用心来经营的，过去那种只要结了婚就不需再培养感情的做法已经过时了。为了能有一个幸福美满的婚姻，每个人都应该善待婚姻。

（据《如何处理家庭关系》改写）

## 第四课　破镜能重圆？

### 听力课文
### ◎亚婚姻现象值得关注◎

从甜甜蜜蜜的恋爱到恩恩爱爱的婚姻，原想白头到老，谁知有一天却要分手。这是人生多么痛苦的一件事。然而，最近一段时间，研究者发现，很多夫妻明明感情破裂，却还维持着婚姻的形式，这种亚婚姻现象引起了社会学者的关注。

日前，一家社会研究机构对甘肃、上海和广州等地进行婚姻现状调查得出结论：22%的婚姻属于低质量婚姻，这其中包括亚婚姻状态。调查显示，亚婚姻的队伍有扩大趋势，成为日益突出的社会问题。为什么会有这样的亚婚姻现象呢？

有的受访者特别是职业女性往往碍于面子勉强维持婚姻。32岁的李女士是一家公司的财务主管，结婚已9年，先生是一家房地产公司的销售经理。两人收入很高，并有了一个6岁的女儿。在外人看来，这是个和谐美满的家庭，然而李女士却有说不出的苦衷。丈夫有了外遇，现在两人之间已没什么感情了。可是，一想到离婚后将要面对人们的指指点点，她退缩了。

妇联有关人士认为这是比较普遍的问题，因为不少女性在各自的工作领域都取得了一定的成绩，特别是事业有成的白领女性，她们自信可以处理好个人的婚姻问题，即使遇到不幸也不愿向外寻求解决方法，因为她们害怕婚姻失败被人小看。在好面子想法的驱使下，她们过着苦涩的婚姻生活，但亚婚姻状态带来的精神伤害却被她们忽视了。

更多的感情不和的夫妇常常为了孩子委曲求全。他们总觉得如果离了婚，让孩子从小就失去父爱或母爱，将会给孩子造成一生的缺憾。所以很多人只好麻木地生活着。据社会有关机构调查，特别是许多女性，虽然对婚姻失去信心，但为了孩子也要撑下去，这多少有些悲壮的色彩，但很能得到人们的同情。专家指出，虽然女性怕影响孩子而不离婚，但是亚婚姻状况无形中还是会给孩子心理上造成影响，如何处理好这方面的关系是一个很敏感的社会问题。

还有一部分人各自忙于事业，虽然感情已经很淡漠，但是想到离婚的一系列繁琐的程序，想到离婚所经历的牵扯很多精力的过程，他们觉得离婚真的会影响自己的事业发展。反正现在又没有心上人，何必急于离婚呢？保留婚姻的形式会给人比较稳定的印象，这对自己的事业更有利。

　　这样的亚婚姻状态只保留了婚姻的空壳，已没有了婚姻的实质，虽然表面上降低了社会的离婚率，但从人性的角度看不值得提倡。

## 回顾与复习一

### 一、听一听

#### （一）

　　王明和小华的家庭在外人看来和和睦睦的，两人长得也是男的阳刚女的靓丽，好似金童玉女一般。但其实，两人从一开始认识就注定他们的婚姻会充满矛盾。一方面，王明是普通工人家庭的孩子，家庭条件一般，而小华父母却是级别不低的领导干部。王明心里一直有点高攀的感觉，所以特别敏感。双方的家庭条件成为他们吵架的导火索。另一方面，王明的性格有点抑郁，回到家常常闷闷不乐的。以前小华觉得这样就是稳重深沉，现在才觉得有些乏味。小华呢，活泼开朗，爱唱爱跳，王明以前觉得她很大方，很有大家之气，现在却怎么都觉得妻子有些虚荣，因此两个人常常看对方不顺眼。另外，王明父母收入不高，王明常用自己小金库的钱补贴父母一些，小华却觉得给钱可以，但夫妻间应该开诚布公，不能这么藏着掖着。最近，两人又因为一些琐事吵架，吵过后两人都怄气，谁也不肯妥协，于是变成了冷战。夫妻双方都觉得对方和结婚以前判若两人。丈夫不再知冷知热，妻子不再温情，两人都叫苦不迭。看来，要想度过他们的婚姻磨合期还真有不小的难度呢。

#### （二）

妈妈：苗苗，你该回家了吧？别看电视了。

苗苗：我才不想这么早回去做家务呢。每天我下班回去他都跷着二郎腿看电视，什么活儿都不干。他还以为女人理所当然就该做饭呢。我得晾着他，省得他不在乎我。

妈妈：谁让你高不成低不就的，挑来挑去挑了他？我以前说什么来着？结婚前整天花前月下的看不出一个人的脾气，等开始了柴米油盐的日子才知道这个人和你是不是真的投机。怎么样，被我说着了吧？

苗苗：那最后还不是你同意我们结婚的？说他好歹也算个黄金王老五，将来肯定事业上能成气候，结婚吧。

妈妈：那还不是因为你整天要死要活的，我一看你这丫头已经为他神魂颠倒了，有什么办法，就找出他的优点安慰自己，勉强接受他呗。

苗苗：我们俩已经冷战一周了，谁也不理谁。唉，我现在开始后悔下错了结婚这步棋。实在不行趁着现在没什么大矛盾好离好散，省得将来打得不可开交。

妈妈：这日子不是你们这种过法。家是避风港，可你们却把它变成了火药箱，那谁还愿意回家啊？既然结婚了你就别那么任性，互相迁就点，慢慢就好了。

苗苗：哎，你怎么说我呢？真是胳膊肘往外拐，我凭什么要委曲求全？

妈妈：算了，算了，我也不想掺和到你们中间，你自己的事自己看着办吧。

## 第五课　妇女地位和男女平等

### 听力课文
### "半边天"到底有多大？

　　常言道："妇女能顶半边天"，现在，这半边天到底有多大呢？请看下面的调查结果：

　　一、女性解放。女性是社会生活的半壁江山，随着社会的文明进步，她们的社会地位、思想观念、生活方式等都发生了改变。

　　1. 女性的钱包鼓起来了。随着经济发展和生活改善，女性的收入水平有了很大的提高。从女性的自我评价来看，78.6%的女性认为自己收入水平一般。6.4%的女性认为较多或很高。另有15.6%和2.2%的女性认为较低或很低。从女性和丈夫的收入对比来看，42.8%的女性收入大体和丈夫相当。还有15.2%的女性收入高出丈夫。对自己的收入，13.5%的女性非常满意，19.1%的女性比较满意，一般满意的占43.5%，很不满意的为零，这说明女性的收入水平有了提高，同时她们更具有"知足常乐"的特点。

2. 女性尊严。在调查中发现，51.1%的女性在家庭中很受尊重，只有6.3%的女性不太受尊重。这表明，现代女性在家庭中取得了应有的地位，得到了应有的尊重。

3. 在决策中，女性说话更有分量。随着社会地位和家庭地位的提高，女性在家庭决策中的作用也日渐突出。当家庭中遇到困难和烦恼时，89.4%的家庭由男女双方共同协商解决。由妻子说了算和由丈夫说了算的比例持平，各占4.3%。这说明家庭决策逐渐民主化，在家庭决策中女性说话很有分量。

4. 夫妻闹矛盾，双方妥协。当夫妻发生矛盾时，通常是由夫妻双方相互妥协退让。此外，由男方主动妥协的也占了较高比例。这说明女性得到了更多的呵护。同时，在家庭纠纷中，虐待女性的家庭暴力事件越来越少。

5. 对男性的依赖程度减小。女性对男性的依赖包括生理、情感和经济三方面。而现在女性对男性的依赖特别是经济上的依赖程度大为减少。这表明女性在经济上、生活上已经比较独立，女性依赖男性、受男性支配的日子已经一去不复返了。

另外，随着女性知识水平的提高，思想观念更加开放。女性的作用已经超出了生养孩子的单一功能。女性越来越积极主动地参加社会生活和家庭决策，在社会、家庭和婚姻中的作用十分突出。

二、在女性能量的释放方面还需努力。

虽然现在女性在思想观念、生活方式方面迈进了一大步，但束缚女性全面发挥自己作用的"包袱"仍然存在。女性的压力和负担依然不轻。首先女性收入和知识水平、学历与男性相比偏低，这是制约女性独立和发展的重要因素。其次为家务所累。在调查中，相当多的女性抱怨家务重。59.8%的家庭家务由夫妻共同干。34.2%的家庭主要由女方干。主要由男方干的只占了4.3%。第三，承担大部分照顾孩子的重任。由于天生的母性，母亲在养育孩子的过程中一般会付出比父亲更多的心血。女性在照料孩子上的负担要比男性重许多。过重的家务和琐事无疑是影响女性发展的重要因素。

此外，由于生理和社会的原因，女性比男性面临的生存压力要大一些。尤其在下岗问题严重的今天，女性的生存和竞争是一个严峻的话题。

三、女性充电刻不容缓。每个女人都有一本难念的经。在调查中，有的女性对自己的学历或工作状况不满意，她们中的大部分希望努力学习和接受再教育，涉及继续参加学习的内容，外语成为女性的热门首选。这和外语人才走俏密切相关。此外，电脑、法律、经济管理、家庭护理也很受青睐。这表明女性追求与时代合拍的愿望非常强烈。

对于继续学习的途径，大部分女性愿意选择进修、培训、函授的方式。参加自学考试、成人高考以及平时自学者也各占一定比例。

当今女性虽然还存在着很多问题和困惑，但是她们越来越独立、开放，更富有勇气，参加社会活动更加积极主动，更加成熟和自信。因此只要女性更有勇气，发挥自身的优势，就一定能顶起半边天。我们期待着有更多的精英女性的出现。

## 第六课　孩子，明天的太阳

### 听力课文
### ◎望子成龙父母心◎

望子成龙、望女成凤历来是天下父母的最大心愿。每个家庭都对子女有一定的期望，那么，如今做父母的究竟期望孩子成为什么样的人呢？我们用随机抽样的方法对济南市的225户居民进行了电话采访。

一、期望孩子有文化

当问及"希望孩子将来达到什么学历"时，64.1%的家长回答是本科，23.4%的家长回答是大专，另有9.4%的家长希望孩子达到研究生以上学历，只有两位家长希望孩子达到高中毕业就可以了。调查显示，家长的文化程度与对子女在学历上的要求成正比。希望子女达到研究生学历的都是大学本科以上学历的家长。希望达到高中毕业学历的家长一位是小学毕业，一位是初中毕业。

二、期望孩子有份好工作

在希望子女具备较高知识水平的同时，家长还希望子女从事社会地位高、经济收入丰厚的职业。其中希望孩子成为科技工作者的最多，占27.2%。其他职业依次为：医务工作者、教育工作者、文化体育工作者、新闻工作者、公务员、商人、军人及警察等。这种情况说明了人们对知识的重视。现在社会上"脑体倒挂"现象逐渐得到改变,尊重知识、尊重人才已经成为一种社会风气。因此知识含量高、社会地位高,又有较高经济收入的科技工作者、医务工作者、教育工作者等知识性行业深受人们的青睐。

三、"光宗耀祖"的观念在淡化

调查中我们向家长提了一个问题:"您对光宗耀祖的态度如何",认为值得发扬的占 27.9%,认为应该抛弃的占 29.4%,持无所谓态度的占 42.7%。这说明随着社会发展,传统观念在家长心中已经明显淡化。同时,调查显示,年龄越大,对"光宗耀祖"观念的认同感越强;学历越高,认同率越低。

四、期望孩子心理素质提高

当问及"你对孩子在人格、品质上有何期望"时,绝大多数家长使用了"坚强""有毅力"等词,其余依次为有道德、勤奋、奉献、真诚、自尊、自爱等。这充分说明在当前激烈竞争的社会形势下,家长普遍认为在发扬传统道德的同时更应该增强孩子的心理承受能力,希望自己的子女在社会上可以自立、自强。

## 第七课  老年人的生活和困惑

### 听力课文
### ◎家住老年公寓◎

随着中国进入老龄化社会步伐的加快,中国的养老问题成为一个日益严重的社会问题。除了家庭养老以外,老年公寓也作为一种社会养老方式进入了人们的视线。让我们走近这里的老人,了解一下这里的情况吧。

一、入住老年公寓还需经济实力

长期以来,受传统的居家养老观念的影响,大多数人对敬老院、老年公寓这些养老机构敬而远之。不是老人觉得脸上无光,就是子女怕担负起不孝的罪名。那么首先住进老年公寓,在这里颐养天年的老人是怎么想的呢?据调查,40%的老人是因为子女忙,没时间照顾而进老年公寓的,10%的老人是因为喜欢这种老年集体生活而来的,44.5%的人是愿意享受这里优越的条件,2.5%的人是为了避开家庭矛盾，还有3%的人是因为其他一些原因。可见，减轻子女的后顾之忧和享受老年公寓提供的终极关怀，是老人们入住老年公寓的最主要原因。

调查显示，老人们大多是顺利住进老年公寓的，只有7.4%的老人遭到家人或亲戚的反对或不理解。一位退休前在科委工作的李大妈告诉记者，她老伴儿患了脑血栓，常年卧床不起，子女们都很忙，她自己照顾不过来，考虑再三，她就把老伴先送到老年公寓。开始，孩子们都不理解，埋怨她狠心，可后来子女们渐渐体会到了这是个解决问题的好办法。现在她也住了进来，一边照顾老伴，一边颐养天年，日子过得挺舒心的。

通过进一步调查，我们发现，住进老年公寓的另一个重要条件就是费用问题。在接受采访的老人中，个人的月收入平均790元，57.7%的老人完全是用自己的退休金支付老年公寓的费用，只有15.4%的人完全由子女负担费用。可以看出，这些老人是以相当的经济实力为后盾的。正如一位年逾八旬的老人说："我现在是自己花钱买清静。"不难发现，目前住在老年公寓不仅是观念更新的问题，还需要经济上的保障。

二、优越条件营造家的温馨

老年公寓不但要给老人提供舒适优越的居住环境，更要为他们营造家的温馨。老年公寓的文化娱乐区有图书室、书画室、茶社、健身房、手工制作室、戏曲音乐室、台球室等。生活服务区有洗衣房、理发室、营养配餐室。康复医疗区有CT室、血压心电监护室、功能康复室等。老人们可以各取所需，自得其乐，以至于有86.9%的老人认为在公寓住比家里更舒适。由于老年公寓给老人们提供了一个十分清静的环境，许多老人觉得自己的老年生活老有所得，老有所乐。

那么身处老年公寓的老人们如何看待儿女亲情呢？据调查，83.3%的老人认为他们和子女的关系一如既往，十分融洽，12.6%的人感到和家人关系更密切了，只有4.1%的人感到和家人有所疏远。可见亲情并没有因距离而变淡，相反，老人觉得子女来探望的次数很频繁。

现在随着中国进入老龄化社会，家庭养老功能逐渐弱化，社会养老功能逐渐强化。如何使养老机构管理更先进、更规范、更符合老人的需求，是我们的社会今后要长期关注的问题之一。不管怎样，我们都相信养老事业会蒸蒸日上，越走越好。

# 第八课　休闲：人生多彩之面

## 听力课文
## ◎ 现代人的休闲 ◎

　　现代休假制度使上班族们或多或少在一年里有了少则几天多则几十天的公休假期，可以让绷了好久的神经好好松弛一下，调整自己的工作和生活节奏，休整身心体力。那么如今上班族们是如何利用这难得的好时光的呢？

　　大多数人休假时不再把自己关在屋子里陪伴电视机，而是走出家门去旅游，去名山大川，去自己没去过的地方，看神州的风采和雄伟景象，品尝没吃过的各地风味，过几天跋山涉水的旅行生活，圆一下自己向往多年的梦。一般的人已经不满足于三四天的短途近郊旅游，而是要坐飞机看长城，过三峡，走荒野森林，尝野味，睡帐篷。尽管十天半月归来时皮肤晒黑了，但换来的是充足的精神和众多的感想。这样的人生好不痛快啊！

　　也有的利用公休假期装修自己的居室，改善环境，为的是提高生存空间的质量。他们的理解是：花去几万元，从里到外，从上到下彻底装饰一番，改造得如同星级宾馆的标准。图的是什么？就是下班后的人生享受。

　　上古文化市场寻找古玩，去偏僻乡村收购古董文物，又是另一些工薪阶层在公休假期里打发时间的新方法。买卖股票有风险，银行存钱利息太低，不如投资古玩，既可使资金保值，又可觅到中意之物来装点门面。于是各种旧红木家具，历代流传的书刊玉器，存世多年的印章等收进、玩赏，再加价卖出，经济效益还真不错呢。在提高了自己文物鉴赏水平的同时，又获得了经济效益，还充实了精神生活，何乐而不为呢？

　　也有先富起来的一族，平时忙着生意，周末、休息日或飞到国外的度假胜地，享受异域风情和难得的清静，在山光水色中调整身心；或在绿草如茵的高尔夫球场打上两杆，呼吸一下新鲜空气，活动一下筋骨。对他们来说，钱不是问题，重要的是能不能找到久违的放松的感觉。

　　我们的带薪休假制度还没有真正实现，因此在中国还看不到欧美国家那种大规模的度假潮。比如，在巴黎，每当盛夏的8月来临，度假的居民们会倾巢而出，巴黎的街道顿时显得冷清起来。这期间，政府机关和公共事务部门仅保持着最低运转，公司企业几乎都关门了，大小商店顾客骤减，只好打烊。走在巴黎偏僻的街道上，只见一家家商店、饭店门口都贴着"年度歇业"的告示。那些坚守岗位的大多是些夫妻店，而且物价贵得出奇。一位法国朋友坦率地说，法国人过于看重休假，如果一年不出去走走，似乎枉过了一年。不少法国人都承认，生活中特别能吸引他们的也许就是度假了。难怪法国人视度假时间为神圣不可侵犯的时间呢。

## 回顾与复习二

### 一、听一听

#### （一）

我毕业于名牌大学，结婚前任职于一家有名的跨国公司，在那里认识了现在的丈夫。因为他当时已经是公司的副总，整天跑东跑西的，家里什么都指望不上他，因此有了小宝宝后我就当了全职太太。这些年日子过得比较清闲，但也有不少难念的经。首先是丈夫的大男子主义思想怎么也改不掉。他觉得男主外女主内的婚姻模式是最理想的，什么半边天、妇女解放都是空谈。作为男人应该呵护自己的家人，但同时最应该做的就是成就一番轰轰烈烈的事业。每当我提出要去充充电、要去找份工作时他都极力反对，说女子无才便是德，只要把家照顾好了就是最大的成绩。虽说丈夫对我挺不错的，但我还是觉得他束缚了我的发展。从内心讲，我不愿做个依附于男人的女人。其次，在孩子的教育问题上我们俩也有分歧。虽说夫妻应该一个唱红脸，一个唱白脸，但是丈夫是出于光宗耀祖的封建思想，要求孩子处处拔尖儿，不论什么方面做得不够出色，丈夫都会对孩子大声责骂。这样造成了孩子畏手畏脚的心理，使孩子和丈夫之间的感情很疏远。天下的父母都是望子成龙的，但也应该讲究方式，否则就会使孩子产生逆反心理。第三个是老人的赡养问题。我们家房子很大，双方的老人都住在一起也没关系，可问题是老人们喜欢悠闲自在的生活，不希望和孩子们同住受到约束。我父母及公公婆婆每天舞剑、打拳、跳舞，日子过得很舒心，真的是自得其乐。可丈夫非要父母搬过来和我们同住，父母不愿意他就鼻子不是鼻子脸不是脸的。我对他说即使父母不在我们身边，我们也会一如既往地关心照顾他们，让他们自己乐和几年，等很老了，玩不动了再搬过来也不迟。结果他误会了我的意思，觉得我不欢迎老人。为此我们冷战了一个多星期。另外，像很多人一起吃饭众口难调啊，别人看你的那种既羡慕又瞧不起的眼光啊等等，都让我烦恼。唉，别人觉得我生活条件挺好的，其实我只有表面的风光，心里有时说不上是个什么滋味儿啊！

## （二）

女：今天下班不回父母家了吗？

男：他们去欧洲旅游了。

女：嘿，老两口够潇洒的！

男：可不是，我父母特别想得开，反正钱够用了，留着也是留着，还不如出去转转，换个好心情呢。你还别说，他们到处转悠以后身体也好了，而且精神焕发，整个跟换了个人似的，一点不像老人。

女：这次是第一次出国游吗？

男：不是，去年就去过新马泰了。前几年国内快转遍了，最近一两年就开始往国外跑了。这么说吧，哪里山清水秀哪里就有老两口享受山光水色的身影。有时高兴了人家还不跟旅行团，自己背起背包自助游，说是这样更能松弛神经，放松心情。看着他们带回来的照片，感觉他们的日子过得跟神仙似的。我都等不及要退休了。

女：到时候我们搭伴儿一起去，人生这么短，我们应该自己乐和乐和，否则就枉过了一生。反正那时候我们也没什么后顾之忧了，出去旅游又可以锻炼身体还能放松绷了一辈子的神经，何乐而不为呢？

男：没错，我也有同感。省得退休了在家里整天蔫头耷脑的，出去解解闷多好啊。孩子们到时候肯定也乐得让我们出去。可是我不喜欢跟着旅行社马不停蹄地跑来跑去，最好是自驾游，就怕那时候自己开车开不动了。

女：怎么开不动。你没看见国外的老人八十多岁了还开着车到处去，我们肯定没问题。咱俩一起搭档这么久配合最默契了，退休了一定要一起出去放放风。我的开车技术一流，到时候可以大显身手了。

男：别做梦了，快回家做饭吧！我们还得工作二十年呢！

# 第九课　假冒伪劣——我该拿你怎么办？

## 听力课文
## ◎ 老白买东西 ◎

老白是我以前的邻居，为人也算精明，可在农贸市场上却总上当受骗。

有一次，老白买回一袋葡萄，打开一看，里面竟全是烂的。老白怒气冲冲地赶回去找小贩算账，因为这肯定不是老白精心挑选的那一袋，显然是付款时被小贩调了包。不料老白赶去后，面对那一溜看上去差不多的小贩，竟认不出谁是卖给他的那一位。因为当时只顾挑葡萄，没顾上看小贩的长相。老白不得不重新买了一袋。这次老白特地盯着小贩看了半天，然后回家一看，仍有不少是烂的。这次老白心想：这小贩可逃不掉了。然而赶去后，大半小贩已经散了。老白的妻子埋怨他："你就不能付钱后再检查一下那葡萄吗？"老白说："这次光记着认他的脸了啊！"

又有一次，我看见他买了一大捆芹菜，便问："怎么买这么多？要去卖吗？"他笑着说："包圆儿的，买了便宜货，反正放在冰箱里，几天也不要紧。"几天后，我看见他把半捆芹菜都扔掉了，问他，他懊悔地说："真是聪明反被聪明误，卖菜的说是便宜，其实是菜泡了水，根本放不住，一放就烂掉了，真是便宜没好货啊！"

还有一次，看见老白在买鸡。鸡贩们都发誓说自己的鸡是正宗的农家草鸡、跑山鸡，让老白一时拿不定主意。有一位鸡贩要价低一点，老白有心想买，但又怕像以前一样吃亏。那鸡贩看出他的心思，拉着他说："你回去吃吃看，如果味道不对，你就连鸡带汤往我头上倒，我再赔你一百只鸡。我只是剩了不多的几只，急着赶回乡下，才贱卖的。"他的话坚定了老白的选择。

后来又见老白买鸡，便问起上一只鸡的味道。他说："上当了，炖了一个钟头，还是像木头一样硬，根本咬不动。"我说："你正好去向他要一百只鸡，可以办养鸡场了。"他苦笑着说："我是找过他了，可他说花那么几个钱买的鸡难道还能吃出甲鱼的味道吗？真是秀才遇见兵，有理讲不清啊！"他表示这次吃一堑长一智，宁愿买贵一点的，这样保险。这时，正好一个鸡贩大声吆喝："正宗草鸡！快来买，来晚了买不到！"一问价钱，竟比周围的每斤要贵两块。老白想讨价还价，鸡贩斩钉截铁地说："不还价，既然是正宗的，当然贵。你要买便宜的，到别家去买。"这一来，老白二话不说，马上买了一只。

说起这只鸡的味道，是在几天后的小市场上。老白叹了口气说："看来，正宗的草鸡是吃不到了。"那天，在菜市场兜了一圈后，老白的袋子仍是空的，他感叹地说："现在这菜篮子难提啊！"说完，匆匆地走了。

望着老白的背影，我想："好好的一个人，现在怎么竟被买菜给难住了？"唉，买东西难啊！

## 第十课　众说纷纭话名牌

### 听力课文
### ◎ 人们心中的名牌 ◎

提起名牌，人们马上想到的就是那些与我们的生活密切相关的物品。一些错误的观念影响着我们对名牌的看法。

首先，很多人认为名牌就是高价品。因为觉得"便宜没好货"，有些消费者在选购商品时就误以为价格高的就是名牌，于是产生就高不就低的心理。有的商家把自己的商品故意提高价格，甚至以次充好，这样的高价商品怎么算是名牌呢？其次，很多人觉得名牌就是产品+广告。在市场竞争日趋激烈，品牌集中度迅速提高的今天，各厂家更是使出浑身解数占据市场，你追求报纸广告的大版面，我就占据电视广告的高频率，广告越来越大，档次越来越高，一些企业不惜血本在广告上下工夫。的确，广告是企业在经营中达到目的的重要手段，就好比机器上的润滑油，于是许多企业认为只有不断地上润滑油，市场的效果才会越来越好，但却忽视了商品的质量。当消费者觉得言过其实的时候，丧失的是企业的信用。其三，很多人觉得名牌就是外国的舶来品。他们购物时会首选外国的商品，然后是三资企业的产品，而对国有企业的产品真正认可是名牌的却少之又少。其四，认为取得证书的就是名牌。这最初还是让人相信的，如果不好，那么多的权威人士怎么能瞎说呢？可是随着上榜的品种越来越多，就让人怀疑其公正程度，后来有消息灵通人士偷偷说出实情：上榜很容易，只要你有钱，交一定的费用，就可以获取所谓的国际认证，或者是各种协会的推荐，进而自称是名牌，这样的事情曾经一度充斥电视荧屏，弄得大家都不知道应该相信哪一家。

误区虽多，我们还是可以避免的。创造一个名牌企业也不是办不到的事情，企业只要给自己一个正确的定位，把握好几个关键的环节，就一定能取得成功。首先质量是名牌的生命。名牌就是在同种条件下比别的品牌卖得多，卖得快，卖得好，不仅仅是价钱比别人的贵，更重要的是质量、服务、智慧和信任。据调查，消费者心目中对名牌产品描述的特质为：质量完美，信誉良好，服务完善，技术先进，外形美观，设计独特。可见消费者对质量是最重视的。其次，合理的价格也是消费者关注的。当国内的品牌与国外的品牌价格相差不大时，选择国内品牌的消费者比例小于选择国外品牌的消费者比例。而当价格差异较大时，63%的被调查者选择国内品牌，14%的被调查者选择国外品牌，15%的被调查者表示两者皆可。可见，消费者还是喜欢低价格的，现在消费者对国产彩电的价格和品牌都比较满意。第三，广告不可忽视。广告主宰着宣传，它在公众标准的形成中起着巨大的作用，所以好的广告宣传是必不可少的，正如娃哈哈矿泉水里面的一句："我的眼里只有你。"只要消费者的眼里有了你的商品，你的企业就有了名牌。当然现在人们也越来越重视售后服务，服务体系完善的商品也会增强人们对它的信心，使人们进一步认可它的名牌度。如果从上述种种情况入手，扎扎实实地抓好，相信企业会创造出受人欢迎的真正的名牌。

## 第十一课　寅吃卯粮，你愿意吗？

### 听力课文
### ◎把"梦想"搬回家◎

早就梦想着有一天睡在一张宽大、舒适、华丽的大床上，特别是躺在吱吱作响的旧床上时。可这几年先买房，后生孩子，一直没闲钱实现自己的梦想。要知道，我早就看中的那张大床得一万多块钱呢。

现在好了，可以贷款了。选了个风和日丽的日子，我和老公一起办好了贷款手续，然后直奔商店，把我的"梦想"搬回了家。

父母听说买了新床，特意跑来看看。可一见那价值一万多块的超级豪华大床，父母的脸色就由晴转阴。特别是听说我们是贷款买的床时，更是下起了雷雨，劈头盖脸把我们训了一顿："床不就是用来睡觉的吗？花这么多钱买张床难道睡觉还能睡出个花儿来？真是败家子！再说这贷款买东西也得看买什么，如果非贷不可的可以贷，可你们就为了睡得舒服点就去贷款，哪有点踏踏实实过日子的样儿？真是太不像话了！"

我辩解道："人一辈子在床上的时间差不多占了三分之一，现在有条件让自己选一张称心如意的床，不是可以提高生活质量吗？再说，睡好了，工作、学习、吃饭、生活才会样样开心，而开心是无价之宝，是多少钱也买不来的。""开心，开心，你就知道开心，开心能当饭吃？等你月月付贷款利息时你就更开心了。"父母气呼呼地扔下一句话走了。

晚上，想着父母的话，心里有些不踏实。可看到自己心爱的大床，儿子在床上翻跟斗，丈夫在床头灯下悠闲地看书，一家人享受着新床带来的乐趣时，我又坚定了自己的选择。是啊，人生几十年，有什么比实现自己的梦想还重要的事呢？

## 回顾与复习三

### 一、听一听

#### （一）

日前，我们会同消费者协会对市区千余家经营小商品的商店进行了检查。经检查，发现了很多问题。其一，伪劣商品充斥市场，以次充好的现象非常严重。这一点极大地侵害了消费者的利益。此前我们曾多次就该问题进行专项检查，也曾勒令其中较严重的商店停业整顿，可这种现象仍然是屡禁不止。其二，在商品宣传上言过其实，吹得天花乱坠，一旦商品质量出现问题却态度恶劣，拒不执行"三包"规定。其三，商品质量欠佳，表现为质量过硬的名牌、精品很少，杂牌儿货、地摊货较多，使小商品市场成为低档商品的代表。消费者协会在上个月做过一次市场调查，根据反馈的信息，30%的消费者曾买过伪劣商品，而且和商贩交涉时商贩均是百般抵赖，不肯退换；40%的消费者认为商品质量上粗粗拉拉，没有任何品位；25%的消费者说自己曾贪图便宜买过三无产品，结果很短时间内质量就出现了问题；只有不到2%的消费者认为一分钱一分货，既然想要便宜，就不挑剔商品质量，所以对价格基本满意。为此我们在整顿市场的同时提醒消费者，希望商品便宜的心理无可厚非，但一定要选购货真价实的东西，这样的商品才比较耐久。当然消费上就高不就低的心理也给了经营者骗人的机会。明明是普通商品，挂上较高价码后销量成倍增加。希望广大消费者学会保护自己的利益，并在遭遇市场欺诈行为时随时跟我们联系，配合我们将市场秩序整顿好。另外我们也希望新闻媒体参与到市场监督工作中来，对不合理的市场行为进行曝光，使广大群众了解市场欺诈行为。相信经过我们的共同努力，会使我市的市场秩序呈现一个良好的态势。

## （二）

　　唉，真倒霉，今天一大早就被我妈数落了一顿。我说要买一双耐克运动鞋，我妈说刚买过一双就不要再买了，可我嫌原来那双土得掉渣儿。这下把我妈惹火了，说我一分钱不挣可花起家里的钱来一副理所当然的样子。"你没看我们家现在住得挤挤巴巴的，我们都在节衣缩食准备抵押贷款买个房子，你可倒好，整天打肿了脸充胖子和别人攀比。你以为天天玩就可以有很多钱吗？世界上哪有这种天上掉馅儿饼的好事，还不是得我们一点一点地去干，去攒钱？你以为我们都没有品位，不喜欢顶尖名牌，只喜欢艰苦朴素？那是因为我们家现在条件不够，我们得量力而行。像你这么奢侈，买双鞋还非得买什么耐克，一点不知道心疼父母，整个儿就是一个白眼狼。想买鞋，行，自己想办法自力更生，要我们给你买，没门儿！"这一通劈头盖脸的训斥让我觉得冤枉死了。而且我和同学约好了下周都穿耐克，妈妈拒绝得斩钉截铁，我可真是傻眼了。怎么办？我拿什么钱买鞋呢？要是不买，那可太跌份了。要是把我的生活费都拿来买鞋，那我下个月就得喝西北风，你说我该怎么办呢？

# 词汇索引

## A
碍于面子 ài yú miànzi ……………… 4

## B
白眼狼 báiyǎnláng ………………… 10
败家子 bàijiāzǐ ……………………… 11
半边天 bànbiāntiān ………………… 5
包袱 bāofu …………………………… 5
包圆儿 bāo yuánr …………………… 9
曝光 bào guāng ……………………… 9
卑鄙 bēibǐ …………………………… 6
绷 bēng ……………………………… 8
避风港 bìfēnggǎng ………………… 3
舶来品 bóláipǐn …………………… 10
补丁摞补丁 bǔding luò bǔding ‥ 11
不了了之 bù liǎo liǎo zhī ………… 9
不惜血本 bù xī xuèběn …………… 10

## C
藏着掖着 cángzhe yēzhe …………… 3
曾经沧海难为水 céngjīng cānghǎi nán wéi shuǐ ……………………… 2
柴米油盐酱醋茶 chái mǐ yóu yán jiàng cù chá …………………… 3
掺和 chānhe ………………………… 3
超负荷 chāo fùhè …………………… 5
称心如意 chèn xīn rú yì …………… 2
成气候 chéng qìhòu ………………… 2
成正比 chéng zhèngbǐ ……………… 6
吃一堑，长一智 chī yí qiàn, zhǎng yí zhì …………………………… 9
持家 chíjiā …………………………… 2
充斥 chōngchì ……………………… 9
充大个儿 chōng dà gèr …………… 4
充电 chōng diàn …………………… 5
充门面 chōng ménmian …………… 11
愁眉苦脸 chóu méi kǔ liǎn ………… 7
聪明反被聪明误 cōngming fǎn bèi cōngming wù ………………… 9
粗粗拉拉 cūculālā ………………… 10

## D

搭伴儿 dā bànr ······ 8
搭腔 dā qiāng ······ 6
打烊 dǎ yàng ······ 8
打肿脸充胖子 dǎzhǒng liǎn chōng pàngzi ······ 10
大家之气 dàjiā zhī qì ······ 2
大惊小怪 dà jīng xiǎo guài ······ 6
大手大脚 dà shǒu dà jiǎo ······ 3
大腕儿 dàwànr ······ 2
大显身手 dà xiǎn shēnshǒu ······ 8
单枪匹马 dān qiāng pǐ mǎ ······ 9
淡化 dànhuà ······ 6
导火索 dǎohuǒsuǒ ······ 3
……得到家 …… de dàojiā ······ 7
底细 dǐxì ······ 5
抵赖 dǐlài ······ 9
抵押 dǐyā ······ 11
地方保护主义 dìfāng bǎohù zhǔyì ······ 9
递条子 dì tiáozi ······ 6
掂量 diānliang ······ 5
调包 diào bāo ······ 9
跌份 diē fèn ······ 10
顶尖 dǐngjiān ······ 10
定力 dìnglì ······ 10
定位 dìngwèi ······ 10
斗 dòu ······ 9
豆腐渣工程 dòufuzhā gōngchéng ······ 9

## E

恶劣 èliè ······ 9
二话不说 èr huà bù shuō ······ 9

## F

发挥余热 fāhuī yúrè ······ 7
乏味 fáwèi ······ 2
翻跟斗 fān gēndou ······ 11
烦心 fánxīn ······ 7
繁琐 fánsuǒ ······ 4
反馈 fǎnkuì ······ 10
返聘 fǎnpìn ······ 7
放风 fàng fēng ······ 8
分量 fènliang ······ 5
丰厚 fēnghòu ······ 6
风光 fēngguāng ······ 8
风和日丽 fēng hé rì lì ······ 11
奉献 fèngxiàn ······ 6

## G

高不成低不就 gāo bù chéng dī bú jiù ······ 2
高攀 gāopān ······ 2
胳膊肘往外拐 gēbozhǒu wǎng wài guǎi ······ 3
格格不入 gégé bú rù ······ 3
各取所需 gè qǔ suǒ xū ······ 7
功利心 gōnglìxīn ······ 7
勾结 gōujié ······ 9
古玩 gǔwán ······ 8
顾家 gù jiā ······ 2
刮目相看 guā mù xiāng kàn ······ 5

光宗耀祖 guāng zōng yào zǔ ...... 6
过硬 guòyìng ...... 10

## H

寒碜 hánchen ...... 10
好离好散 hǎo lí hǎo sàn ...... 4
好马不吃回头草 hǎo mǎ bù chī huí tóu cǎo ...... 4
呵护 hēhù ...... 5
喝西北风 hē xīběifēng ...... 11
何乐而不为 hé lè ér bù wéi ...... 8
轰轰烈烈 hōnghōnglièliè ...... 5
后盾 hòudùn ...... 7
后顾之忧 hòu gù zhī yōu ...... 7
忽悠 hūyou ...... 5
狐狸尾巴 húli wěiba ...... 5
花花肠子 huāhua chángzi ...... 3
花前月下 huā qián yuè xià ...... 3
黄昏恋 huánghūnliàn ...... 7
黄金王老五 huángjīn Wáng Lǎowǔ ...... 2
混账 hùnzhàng ...... 11
火暴 huǒbào ...... 2
货真价实 huò zhēn jià shí ...... 10

## J

鸡毛蒜皮 jī máo suàn pí ...... 4
己所不欲，勿施于人 jǐ suǒ bú yù, wù shī yú rén ...... 8
挤挤巴巴 jǐjibābā ...... 11
记仇 jì chóu ...... 6
艰苦朴素 jiānkǔ pǔsù ...... 10

交涉 jiāoshè ...... 9
叫苦不迭 jiàokǔ bùdié ...... 2
节衣缩食 jié yī suō shí ...... 11
解闷 jiěmèn ...... 7
金童玉女 jīn tóng yùn nǚ ...... 2
尽职尽责 jìn zhí jìn zé ...... 5
精打细算 jīng dǎ xì suàn ...... 3
精神焕发 jīngshén huànfā ...... 7
精英 jīngyīng ...... 5
敬而远之 jìng ér yuǎn zhī ...... 2
就高不就低 jiù gāo bú jiù dī ...... 10
举棋不定 jǔ qí bú dìng ...... 8
卷刃 juǎn rèn ...... 10
决策 juécè ...... 5
绝食抗议 jué shí kàngyì ...... 6

## K

开诚布公 kāi chéng bù gōng ...... 3
犒劳 kàoláo ...... 8
刻不容缓 kè bù róng huǎn ...... 5
空巢症 kōngcháozhèng ...... 7
空壳 kōngké ...... 4
口口声声 kǒukǒushēngshēng ...... 9
苦海无边 kǔ hǎi wú biān ...... 8
苦涩 kǔsè ...... 4
垮 kuǎ ...... 7

## L

老天有眼 lǎotiān yǒu yǎn ...... 2
老有所得、老有所乐 lǎo yǒu suǒ dé、lǎo yǒu suǒ lè ...... 7
乐得 lède ...... 8

乐和 lèhe ·············· 8
乐天派 lètiānpài ·············· 7
勒令 lèlìng ·············· 9
雷厉风行 léi lì fēng xíng ·············· 8
冷却 lěngquè ·············· 3
冷战 lěngzhàn
理所当然 lǐ suǒ dāng rán ·············· 3
力所能及 lì suǒ néng jí ·············· 7
利息 lìxī ·············· 11
靓 liàng ·············· 2
亮起了红灯 liàngqǐ le hóngdēng ··· 3
晾 liàng ·············· 3
量力而行 liàng lì ér xíng ·············· 11
屡禁不止 lǚ jìn bù zhǐ ·············· 9
绿草如茵 lǜ cǎo rú yīn ·············· 8

## M

麻木 mámù ·············· 4
马不停蹄 mǎ bù tíng tí ·············· 7
闷闷不乐 mènmèn bú lè ·············· 2
明智 míngzhì ·············· 5
磨合 móhé ·············· 3
默契 mòqì ·············· 7

## N

耐久 nàijiǔ ·············· 10
耐看 nàikàn ·············· 2
男主外，女主内 nán zhǔ wài, nǚ zhǔ nèi ·············· 5
男尊女卑 nán zūn nǚ bēi ·············· 5
难念的经 nán niàn de jīng ·············· 5
脑体倒挂 nǎo tǐ dào guà ·············· 6

脑血栓 nǎoxuèshuān ·············· 7
蔫头耷脑 niān tóu dā nǎo ·············· 7
宁缺毋滥 nìng quē wú làn ·············· 10
女里女气 nǔlinǔqì ·············· 2
女子无才便是德 nǚzǐ wú cái biàn shì dé ·············· 5

## O

怄气 òu qì ·············· 3

## P

怕呛着就不喝水 pà qiāngzhao jiù bù hē shuǐ ·············· 7
攀比 pānbǐ ·············· 10
判若两人 pàn ruò liǎng rén ·············· 3
劈头盖脸 pī tóu gài liǎn ·············· 11
便宜没好货 piányi méi hǎo huò ··· 10
品位 pǐnwèi ·············· 10
破镜重圆 pò jìng chóng yuán ·············· 4

## Q

岂有此理 qǐ yǒu cǐ lǐ ·············· 9
起家 qǐ jiā ·············· 9
迁就 qiānjiù ·············· 4
牵扯 qiānchě ·············· 4
强化 qiánghuà ·············· 7
跷着二郎腿 qiāozhe èrlángtuǐ ·············· 3
切磋 qiēcuō ·············· 6
青睐 qīnglài ·············· 5
倾巢而出 qīng cháo ér chū ·············· 8
倾家荡产 qīng jiā dàng chǎn ·············· 9
清高 qīnggāo ·············· 2

情人眼里出西施 qíngrén yǎnli chū Xīshī ·············· 2
取经 qǔ jīng ·············· 6
权衡再三 quánhéng zàisān ·········· 5

## R

热乎 rèhu ·············· 8
人不可貌相 rén bù kě mào xiàng ··· 4
人是衣服马是鞍 rén shì yīfu mǎ shì ān ·············· 11
人要脸，树要皮 rén yào liǎn, shù yào pí ·············· 4
认同 rèntóng ·············· 6
任性 rènxìng ·············· 3
润滑油 rùnhuáyóu ·············· 10
弱化 ruòhuà ·············· 7

## S

散架 sǎn jià ·············· 8
傻眼 shǎ yǎn ·············· 11
山光水色 shān guāng shuǐ sè ····· 8
山清水秀 shān qīng shuǐ xiù ······ 8
善解人意 shàn jiě rén yì ·········· 2
奢侈 shēchǐ ·············· 10
身在福中不知福 shēn zài fú zhōng bù zhī fú ·············· 11
深沉 shēnchén ·············· 2
深入人心 shēn rù rén xīn ········· 10
神不守舍 shén bù shǒu shè ······· 10
神魂颠倒 shén hún diāndǎo ······· 2

时尚 shíshàng ·············· 10
使出浑身解数 shǐchū húnshēn xièshù ·············· 10
受罪 shòu zuì ·············· 6
疏远 shūyuǎn ·············· 6
束缚 shùfù ·············· 5
数落 shǔluo ·············· 10
耍小脾气 shuǎ xiǎopíqi ·········· 4
耍嘴皮子 shuǎ zuǐpízi ············ 5
顺眼 shùnyǎn ·············· 2
私房钱 sīfangqián ·············· 3
松弛 sōngchí ·············· 8
素 sù ·············· 7
随心所欲 suí xīn suǒ yù ·········· 10
琐事 suǒshì ·············· 3

## T

体罚 tǐfá ·············· 6
天花乱坠 tiān huā luàn zhuì ······ 9
天上掉馅儿饼 tiānshang diào xiànrbǐng ·············· 11
添堵 tiān dǔ ·············· 10
通气 tōng qì ·············· 6
捅破窗户纸 tǒngpò chuānghuzhǐ ·············· 6
投机 tóujī ·············· 2
土得掉渣儿 tǔ de diào zhār ······ 11
退缩 tuìsuō ·············· 4
拖泥带水 tuō ní dài shuǐ ·········· 8
妥协 tuǒxié ·············· 3

## W

枉 wǎng ················································ 8
望子成龙 wàng zǐ chéng lóng ······ 3
委曲求全 wěiqū qiúquán ············· 4
畏手畏脚 wèi shǒu wèi jiǎo ········ 6
温情 wēnqíng ····································· 3
温馨 wēnxīn ········································ 7
稳重 wěnzhòng ································· 2
无关紧要 wúguān jǐnyào ············· 2
无可厚非 wú kě hòu fēi ············· 10
无利不早起 wú lì bù zǎo qǐ ······ 8
误区 wùqū ······································· 10

## X

嬉皮笑脸 xī pí xiào liǎn ············· 5
下错了一步棋 xiàcuò le yí bù qí ··· 4
先立业后成家 xiān lì yè hòu chéng jiā ············································· 2
贤惠 xiánhuì ······································· 2
享清福 xiǎng qīngfú ······················ 7
小家子气 xiǎojiāziqì ······················· 2
小金库 xiǎojīnkù ······························ 3
形影相吊 xíng yǐng xiāng diào ····· 7
秀才遇见兵，有理讲不清 xiùcai yù jiàn bīng, yǒu lǐ jiǎng bu qīng ··· 3
虚荣 xūróng ······································· 2

## Y

亚婚姻 yàhūnyīn ····························· 4
言过其实 yán guò qí shí ············ 10
阳刚 yánggāng ································· 2

吆喝 yāohe ········································ 9
要害 yàohài ······································· 6
一个唱红脸，一个唱白脸 yí ge chàng hóng liǎn, yí ge chàng bái liǎn ··· 6
一溜儿 yíliùr ···································· 9
一如既往 yì rú jì wǎng ················ 7
一视同仁 yí shì tóng rén ············ 3
一条龙服务 yìtiáolóng fúwù ······· 9
一碗水端平 yì wǎn shuǐ duānpíng ········································································ 3
依附 yīfù ············································· 5
颐养天年 yíyǎng tiānnián ············ 7
以次充好 yǐ cì chōng hǎo ········ 10
抑郁 yìyù ············································· 2
寅吃卯粮 yín chī mǎo liáng ····· 11
隐私 yǐnsī ··········································· 3
营造 yíngzào ····································· 7
用武之地 yòng wǔ zhī dì ············ 7
悠闲自在 yōuxián zìzai ················ 7
游说 yóushuì ····································· 8
有利有弊 yǒu lì yǒu bì ················· 3
雨过天晴 yǔ guò tiān qíng ········· 4
冤枉 yuānwang ······························· 11
圆······梦 yuán······mèng ············· 8

## Z

杂牌儿 zápáir ································· 10
赞不绝口 zàn bù jué kǒu ············ 6
斩钉截铁 zhǎn dīng jié tiě ········· 9
找碴儿 zhǎo chár ··························· 6
照葫芦画瓢 zhào húlu huà piáo ··· 6
折腾 zhēteng ····································· 2

| | |
|---|---|
| 蒸蒸日上 zhēngzhēng rì shàng ··· 7 | 珠光宝气 zhū guāng bǎo qì ······ 2 |
| 知冷知热 zhī lěng zhī rè ············ 2 | 主宰 zhǔzǎi ································ 10 |
| 知足常乐 zhī zú cháng lè ············ 5 | 助长 zhùzhǎng ···························· 6 |
| 指指点点 zhǐzhidiǎndiǎn ············ 4 | 自得其乐 zì dé qí lè ··················· 7 |
| 志同道合 zhì tóng dào hé ··········· 2 | 自驾游 zìjiàyóu ·························· 8 |
| 终极关怀 zhōngjí guānhuái ········· 7 | 自力更生 zì lì gēng shēng ········· 11 |
| 众口难调 zhòng kǒu nán tiáo ······ 8 | 自助游 zìzhùyóu ·························· 8 |